Aldidente Geflügel

Waldemar Thomas

Aldidente Geflügel

Eichborn.

Die Deutsche Bibliothek – CIP-Einheitsaufnahme

Thomas, Waldemar:
Aldidente-Geflügel / Waldemar Thomas. – Frankfurt am Main : Eichborn, 2001
ISBN 3-8218-3727-6

Lektorat: Oliver Thomas Domzalski
Gestaltung und Satz: die Basis, Wiesbaden
Druck und Bindung: WS Bookwell, Finnland
ISBN 3-8218-3727-6

Verlagsverzeichnis schickt gern:
Eichborn Verlag, Kaiserstr. 66,
D – 60329 Frankfurt am Main
www.eichborn.de

Inhalt

Salomon,
du weiser König,
dem die Geister untertänig,
fülle gleich den Hühnerstall!
Laß die bunten Hühner all
gackeln, scharren, glucken, brüten,
sie vom hohen Hahn behüten!
Clemens Brentano

VORWORT

Kein anderes Fleisch bietet in der Küche so viele Möglichkeiten und ist deshalb mit Recht so beliebt wie das von Huhn, Ente, Gans, Perlhuhn, Wachtel, Fasan und wie die leckeren Vögel alle heißen.

Man kann es mit Salaten als Vorspeise essen, wunderbare Suppen davon kochen – durchaus nicht nur vom Huhn, sondern von jedem Geflügel. Die können nahrhaft und deftig sein, wie die beliebte Hühnersuppe. Aber auch fein und elegant, wie Consommés, die doppelten Kraftbrühen von Huhn, Wachtel, Perlhuhn oder, delikater noch, von Wildgeflügel. Selbst aus dem Gerippe (der Karkasse, wie die Köche sagen) von Ente oder Gans lassen sich Suppen von schönem Wohlgeschmack zubereiten.

Sodann wird Geflügel selbstverständlich gegrillt und gebraten, am Stück und am besten am Spieß, mehr noch in Teilen, auf dem Holzkohlegrill oder im Ofen.
Und dann sind da all die Schmorgerichte aus

dem Fleisch des Federviehs mit ihren leckeren, schier unendlich vielfältigen Saucen. Denn zahlreiche Kombinationen sind möglich, wie Pilze und vielerlei Gemüse zum Huhn; Orangen zur Ente, Äpfel zur Gans, Aprikosen oder Linsen zum Perlhuhn, Weintrauben zu Fasan oder Rebhuhn. Beim Würzen sind der Phantasie kaum Grenzen gesetzt, erst recht nicht, wenn man die immer beliebter werdenden asiatischen Zubereitungen hinzunimmt, wie japanisches Teryaki oder indisches Tandoori-Huhn. Die Vorfahren unserer Hühner stammen schließlich aus Indien, die der Enten aus China, Fasane waren ursprünglich am Kaukasus zu Hause.

Es sind zwei Arten von Federvieh, die seit Menschengedenken in den Kochtöpfen und Bratpfannen, an den Bratspießen, in den Backöfen oder auf dem Grill zubereitet werden: das Haus- und Hofgeflügel zum einen, das Wildgeflügel (oder Federwild) zum anderen. So beliebt ist Geflügel, daß es allenthalben Anerkennung erfährt, etwa seitens des französischen Feinschmeckers Brillat-Savarin, der davon überzeugt war, »daß die ganze Familie dieser hühnerartigen Vögel nur zu dem Zweck geschaffen wurde, um unsere Speisekammern und unsere Mahlzeiten zu bereichern«. Hätte er die heutigen Hühnerfabriken (und Legebatterien) gekannt, wäre er wohl zur Überzeugung gekommen, so könne es der Schöpfer nicht gemeint haben.

Doch es gibt ja auch Geflügel aus ordentlicher Aufzucht. Tiere, die frei gelaufen sind und mit gutem Futter aufgezogen wurden: Sie beeindrucken mit festem Fleisch, das sich in der Küche in saftige, aromareiche Delikatessen verwandeln läßt. Es kommt also zunächst auf den Einkauf an; wer dabei spart, und meint, obskures Billiggeflügel tue es doch »auch«, darf sich über enttäuschende Ergebnisse nicht wundern.

Informationen kann man anfordern beim:

- **Auswertungsdienst für Ernährung,**
  Landwirtschaft und Forsten (aid)
  Konstantinstr. 124
  53179 Bonn
  www.aid-online.de

Wer tiefer einsteigen, mehr über die Herkunft unseres Geflügels wie auch über (nicht immer angenehme) Einzelheiten moderner Geflügelzucht erfahren möchte, findet in diesen beiden Büchern Aufschlußreiches:

- **Waverley Root: Das Mundbuch.**
  Eine Enzyklopädie alles Eßbaren.

- **Margaret Visser: Mahlzeit.**
  Von den Erfindungen und Mythen,
  Verlockungen und Obsessionen,
  Geheimnissen und Tabus.

Beide sind ebenfalls im Eichborn Verlag erschienen.

Im Städtlein hielt der Zundelfrieder sich nicht länger auf, als nötig war, einer Gans, die sich auf der Gasse verspätet hatte, ein paar gute Lehren zu geben. »In euch Gänse«, sagte er, »ist keine Zucht zu bringen. Ihr gehört, wenn's Abend ist, ins Haus oder unter gute Aufsicht.« Und so packte er sie mit sicherem Griff am Hals, und mir nichts, dir nichts unter den Mantel, den er ebenfalls unterwegs von einem Unbekannten geliehen hatte.

Johann Peter Hebel

1. Wie man Geflügel einkauft und damit umgeht

Es mag sich romantisch anhören, aber so wie Hebels Zundelfrieder wird sich heute niemand mehr sein Geflügel beschaffen – schon um es nicht schlachten, rupfen und ausnehmen zu müssen. Wer wäre auch dazu schon noch in der Lage?

Abgesehen von den seltenen Gelegenheiten, Wildgeflügel direkt beim Jäger zu erstehen, kaufen wir zu unserer aller Erleichterung Geflügel küchenfertig, also gerupft und ausgenommen.

Als da sind:

Suppenhühner. So heißen Legehennen, wenn sie nach 12 bis 15 Monaten ihre Aufgabe erfüllt haben und geschlachtet werden. So zart wie das vom jungen Huhn oder Hähnchen ist ihr

Fleisch dann freilich nicht mehr, dafür aber kernig und mit ausgeprägtem Geschmack. Natürlich gibt es Unterschiede in der Qualität; eine Legehenne, die freien Auslauf genossen hat, ergibt ein besseres Suppenhuhn als die bedauernswerte Schwester aus der Batterie. Allgemein läßt sich bei Suppenhühnern sagen: je jünger und fetter, desto besser.

Hähnchen. Es können auch Hühnchen sein, so genau wird da nicht unterschieden; mancherorts nennt man sie Broiler. Sie sollen keine Eier legen, sondern tüchtig Fleisch ansetzen und werden zu diesem Zweck gemästet. Nach nur 5 bis 6 Wochen hauchen sie ihr junges Leben aus und wiegen bratfertig ab 800 g. Bis 1992 hießen diejenigen Hähnchen (oder auch Hühnchen), die über 1200 g schwer waren, Poularden, aber diese Bezeichnung wurde unterdessen abgeschafft. Es gibt sie natürlich noch, die schweren, sehr fleischigen Brathühner, und sie sind den Leichtgewichten vorzuziehen.

Poulets de Bresse heißen die Ferraris unter den Hühnern. Sie stammen aus Frankreich, wo man sich auf die Mast hochwertigen Geflügels am besten versteht. Man erkennt sie übrigens an ihren blauen Füßen, dem weißen Federkleid und dem roten Kamm: an den Farben der Trikolore. Die freilaufenden Bresse-Hühner erhalten nur hochwertiges, natürliches Futter. Entsprechend fest und wohlschmeckend ist das Fleisch. Sie kosten natürlich auch ihr Geld. Der einzige deutsche Zuchtbetrieb ist der Bioland-Hof Staatsdomäne Mechtildshausen in Wiesbaden (Tel: 06 11 - 7 37 40). Wer sich jedoch bei kleinen Bauern und guten Züchtern hierzulande umschaut, wird auch dort Geflügel finden, das den Poulets de Bresse kaum nachsteht und weniger kostet.

Stubenküken, fast am unteren Ende der Gewichtsskala. So werden die jung geschlachteten Hähnchen genannt. Sie wiegen bis 750 g und geraten bei sachkundiger Zubereitung besonders zart und saftig. Auch sind sie sehr schnell gar.

Kapaun, der nur der Vollständigkeit halber erwähnt werden muß. Der kastrierte Hahn wurde früher wegen seines aromatischen Fleisches hoch geschätzt, auch verdoppelt er nach dieser Prozedur sein Gewicht. Die für die Tiere alles andere als angenehme Prozedur kann man nachlesen in: »Henriette Löfflers großes Kochbuch für den einfachen Tisch und die feine Küche« (Reprint, Stuttgart 1991). Man entdeckt Kapaune allmählich wieder, sie werden etwa 8 Monate lang gemästet, wiegen dann bis zu 3 kg und sind entsprechend teuer. Das weibliche, verschnittene Huhn, die Poularde, gehört dagegen der Vergangenheit an.

Hühnerteile. Fast alles wird frisch oder tiefgekühlt angeboten, vom halben Suppenhuhn über Schenkel, Brust, Flügel des Brathähnchens bis hin zu küchenfertigen Innereien.

Enten. Die schwersten heißen Bauernenten, dürfen 3 bis 4 Monate leben und haben dann bratfertig ein Gewicht von 2,5 bis 3,5 kg erreicht. Es handelt sich dabei zumeist um Tiere mit weißem Gefieder, denn sie wurden aus der Pekingente gezüchtet und sind in Deutschland am weitesten verbreitet. Stammen sie aus Schnellmast, wiegen sie nach nur knapp 2 Monaten bereits bis zu 2,4 kg, ihr Fettanteil ist jedoch sehr hoch. Deshalb werden die schlankeren, sogenannten Barbarie- oder Flugenten immer beliebter, auch ist ihr Anteil an dem begehrten Brustfleisch höher. Teilstücke wie Schenkel, ganze und geteilte Brüste sind ebenfalls das ganze Jahr über zu haben.

Gänse gibt es dagegen, seit das junge, zarte »Kirchweihganserl« des frühen Herbstes leider den modernen Zeiten anheimgefallen ist, nur ab Spätherbst. Zumeist als Martinsgans, also zum 11. November. Der fette Vogel heißt dann junge Gans und wiegt 4 bis 5 kg. Einheimische Gänse haben Weidegang genossen, werden erst kurz vor dem Schlachten gemästet und sind von Oktober bis Januar im Handel. Weihnachtsgänse sind noch fetter, sie leben ja länger.

Perlhühner. Ihre Heimat liegt in den Waldgebieten Westafrikas, und auch bei heimischen Züchtern verbringen sie die meiste Zeit auf Bäumen. So scheu sie auch sind, geschlachtet werden sie doch, etwa nach 3 Monaten, dann wiegen sie ca. 1 kg. Es gibt sie das ganze Jahr, ihr feines, zartes Fleisch erinnert ein wenig an Wildgeflügel.

Tauben. Ausgewachsene Tiere spezieller Mastrassen werden bis zu 1600 g schwer; normalerweise hat man es jedoch mit Exemplaren zu tun, die zwischen 300 und 400 g auf die Waage bringen. In der Küche interessant ist die erstaunlich fleischige Brust. An den Keulen ist nicht viel dran. Das früher so beliebte »gefüllte Täubchen« ist aus der Mode gekommen.

Puten. Hier unterscheidet man zwischen Baby-Pute und Pute (oder Truthahn). Baby-Puten werden bis zu 3 Monate lang gemästet und bringen 2 bis 3 kg auf die Waage, ihr Fleisch ist besonders zart, manche finden es jedoch bloß fad. Richtige Puten dagegen sind die Schwergewichte unter dem Schlachtgeflügel; die Hennen werden bis zu 12 kg, Hähne mehr als 20 kg schwer. Da nur wenige (in Europa jedenfalls) Verwendung haben für solch mächtige Braten, kommen sie normalerweise zerlegt in den Handel. Mittlerweile sind Puten aus biologischer Aufzucht zu haben (Freiland Puten Fahrenzhausen GmbH, Tel: 0 81 33 - 9 93 89).

Wachteln sind noch kleiner als Stubenküken, indessen in den Restaurantküchen sehr beliebt, denn sie sind für viele Zubereitungen zu gebrauchen. Es handelt sich durchweg um gezüchtete Tiere, die wenigen noch wildlebenden sind in Deutschland streng geschützt. Eine Wachtel wiegt zwischen 150 und 190 g; die Hennen sind übrigens schwerer als die Hähne.

Wildgeflügel: Fasan, Rebhuhn, Schnepfe, Wildente und Wildtaube. Unter ihnen sind nur die 3 letzteren in jedem Fall wirklich »wild«, das heißt, sie werden nicht gezüchtet.

Fasane gibt es zwar noch recht häufig in freier Wildbahn, und wer einen Jäger kennt, kann sich manchmal am Fleisch des farbenprächtigen Vogels erfreuen, das eine große Delikatesse ist – wenn der Fasan wild gelebt hat und höchstens ein Jahr alt war. Die überwiegende Menge der gehandelten Fasane stammt jedoch aus Gehegen. Die Vögel werden kurz vor Beginn der Jagdsaison (1. Oktober) »ausgewildert« und mit Schrot erlegt, um die Illusion perfekt zu machen. Das Aroma des Fleisches ist bei weitem nicht so aromatisch wie das eines Fasans aus freier Wildbahn. Die Vögel wiegen bis ca. 900 g und sind von Anfang Oktober bis Mitte Januar zu haben.

Rebhuhn aus freier Wildbahn ist noch seltener geworden als wilder Fasan, von den gezüchteten wird man zumeist enttäuscht sein. Die rund 200 g schweren Vögel haben dunkles, sehr aromatisches Fleisch und werden von September bis kurz vor Weihnachten gehandelt. Die südeuropäische Variante heißt Steinhuhn und wird ebenfalls gezüchtet.

Schnepfe: siehe Rebhuhn; der wilde, junge Vogel ist von schier unübertrefflicher Köstlichkeit.

Wildenten sind wirklich wild, und es gibt sie reichlich. Zumeist handelt es sich dabei um Stockenten, sie werden bis zu 1 kg schwer, ihr Fleisch ist von dunkler Farbe und würzig. Man sollte indes darauf achten, eine junge Ente zu erwerben (Merkmal: Die Schwimmhäute an den Füßen lassen sich leicht einreißen). Ältere können tranig schmecken, doch dagegen hilft das Einreiben mit Zitronen- und Orangensaft.

Wildtauben sind ebenfalls wild, werden größer als Haustauben, sind keineswegs selten, aber im Handel nicht überall zu finden: wohl dem, der einen Jäger kennt.

Meistens liegen die gesäuberten Innereien (Hals, Magen, Herz, Leber) im Bauch des Vogels. Man nimmt sie heraus und inspiziert den Vogel genau, ob er auch ordentlich ausgenommen wurde und ob noch Federreste vorhanden sind, die entfernt werden müssen. Sodann wäscht man das Huhn, die Ente oder was auch immer schnell und gründlich (Wildgeflügel nur, wenn unbedingt erforderlich) und trocknet es wieder sorgfältig. Am besten mit Küchenpapier. Dies gilt für alle Zubereitungen; näheres steht bei den Rezepten.

Man sollte sein Geflügel möglichst frisch verwenden. Wenn es schon gelagert werden muß, dann kühl, ohne Verpackung, in einem abgedeckten Porzellangefäß und höchstens für 2 Tage. Geflügel auch bitte nicht selbst einfrieren, weil die Haushaltsgeräte die dafür erforderlichen niedrigen Temperaturen nicht oder nicht schnell genug erreichen. Bei der Küchenarbeit mit rohem Geflügel wasche man sich häufiger die Hände und alle Arbeitsgeräte mit Spülmittel und heißem Wasser.

Salmonellen sind weniger im frischen als im tiefgefrorenen Geflügel enthalten. Deshalb ist beim Hantieren damit peinlich auf Sauberkeit zu achten! Man nimmt den Vogel aus der Folie und entfernt die Verpackung restlos. Das Geflügel darf beim Auftauen nicht in der sich dabei bildenden Flüssigkeit liegen und wird deshalb in einem Gefäß mit Siebeinsatz (gibt's im Handel) aufgetaut, und zwar im Kühlschrank. Denn je langsamer es auftaut, um so mehr Saft bleibt im Fleisch. Etwas davon aber tritt doch aus, und diese Auftauflüssigkeit wird selbstverständlich weggeschüttet. Sie darf nicht mit anderen Lebensmitteln in Berührung kommen! Und nochmals: Händewaschen nicht vergessen, und sämtliches Küchengerät, das mit dem rohen Geflügel in Berührung gekommen ist, mit heißem Wasser gut reinigen. Einmal aufgetautes Fleisch nicht wieder einfrieren, das gilt auch für fertige Gerichte.

Daß tiefgefrorenes Geflügel schon mal eingefroren war, erkennt man daran, daß es sich an den Knochenteilen braun gefärbt hat (Gefrierbrand). An den Flügelknochen sieht man's besonders gut. Solch ein Stück kaufe man auf keinen Fall! Ebensowenig Ware mit zu starker Schneebildung, sie wurde zwischendurch zu lange gelagert.

Das meiste an Gerät, wie Bratpfanne, Suppen- und Schmortopf, Schaumlöffel, Haarsieb, ordentliche Messer, Küchenbretter, ist in einer gut ausgestatteten Küche ohnehin vorhanden, darüber hinaus stellt die Geflügelküche folgende Anforderungen:

Gänsebräter. Wer häufiger ganze Gänse, Puter oder Enten brät, tut gut daran, sich einen anzuschaffen, es gibt sie in verschiedenen Preisklassen.

Grill mit Drehspieß. Ein solcher gehört bei modernen Backöfen zum Zubehör, ansonsten lege man sich ein Grillgerät zu. Es muß nicht viel kosten, lohnt sich in jedem Fall, denn gebratenes Geflügel gerät am Spieß am besten.

Auftauschale mit Siebeinsatz für tiefgefrorenes Geflügel (siehe oben).

Keine teure Geflügelschere, sondern eine stabile *Küchenschere*. Damit und einem scharfen Messer läßt sich jedes Geflügel problemlos zerlegen.

Küchengarn, um die Schenkel eines ganzen Vogels zusammenzubinden.

Ein großes *Küchenbrett* mit Saftrinne und zwei, drei kleinere. Hölzerne sind hygienischer als solche aus Kunststoff. (An der University of Wisconsin wurden sowohl Holz- als auch Kunststoffbretter mit Salmonellen, Listerien und Kolibakterien gezielt verunreinigt. Auf den Plastikbrettern vermehrten sich die Stämme munter weiter, während sie auf den ungereinigten Holzbrettern bereits nach 3 Minuten zu 99,9 % und über Nacht vollständig abgestorben waren.)

Den *Backpinsel* nicht zu vergessen, um Geflügel im Ofen immer wieder mit dem Bratensaft bestreichen zu können.

Und den *Küchenwecker*. Wer gern Wildgeflügel brät, muß genau auf die Garzeit achten.

In vielen Kochbüchern ist dann noch von der *Dressiernadel* die Rede, um einen ganzen Vogel vor dem Braten kunstgerecht zu verschnüren. Man kann sie jedoch getrost vergessen, weil bei dieser Prozedur das Fleisch mehrfach durchstochen wird und mithin beim Braten Saft verliert. Die Schenkel zusammenzubinden, die Flügel (nachdem man die Spitzen abgeschnitten hat) gleichfalls, oder sie auf dem Rücken zu verschränken, das genügt vollauf.

Überhaupt haben Ungeübte mit der Anatomie des Geflügels ihre Probleme, man kommt jedoch schnell dahinter. Am schnellsten, indem man beim Händler genau zuschaut, wie er ein Huhn zerlegt. Und sich dann zu Hause mit einem scharfen Messer, der Küchenschere und frischem Mut selber daran macht.

Die bei den Rezepten angegebenen Mengen sind, wenn nicht anders vermerkt, für 4 Personen gedacht.

Er solle ein Hühnlein rupfen, mit Kräutern füllen, und solches schön bräunlich und gelb rösten, bis sie wiederkäme. Er tat dies nach den Regeln der Kunst. Er drehte dem Hühnlein den Kragen um, brühte es in heißem Wasser, zog ihm geschickt die Federn aus, schabte ihm nachher die Haut, daß sie glatt und fein wurde, und nahm ihm die Eingeweide heraus. Sodann fing er an, die Kräuter zu sammeln, womit er das Hühnlein füllen sollte.

Wilhelm Hauff,
Zwerg Nase

2. Suppenhuhn, Brathuhn, Stubenküken

Überall auf der Welt, außer in den kältesten Gebieten, sind Hühner als Haustiere heimisch. Ihre Urheimat liegt jedoch in Indien. Vor ungefähr 5000 Jahren wurden die Vorfahren unserer Haushühner aus dem wilden Bankiva-Huhn gezüchtet.

Gibt man ihm Platz, sich im Freien zu bewegen, und hat es Gelegenheit zum Scharren, sucht sich das Huhn sein Futter selbst: Würmer, Insekten, Körner und Pflanzenteile. Das macht sich beim Wohlgeschmack des Fleisches natürlich bemerkbar, unsere besten Hühner stammen aus Freilandhaltung und erhalten nur natürliches Futter.

Man muß sich heutzutage seine Hühnersuppe nicht mehr selber kochen. Es gibt sie fertig im Glas, tiefgefroren oder aus der Tüte, sogar in Bio-Qualität. Aber das ist alles nichts gegen eine aus einem jungen, fetten Suppenhuhn frisch gekochte Brühe, die unnachahmlich herrlich duftet, wunderbar schmeckt und belebt. Am besten, man kocht gleich mehr davon, entfettet sie und friert sie ein. Wer sie zuerst tüchtig einkocht, erhält eine besonders konzentrierte Brühe oder gar eine fast puddingsteife Jus. Die friert man am besten in Eiswürfelschalen ein, verpackt die Würfel in Tüten und hat so jederzeit den Stoff zur Hand, aus dem die tollen Saucen sind.

Hühnersuppe

Für eine Hühnerbrühe besorgt man sich
ein junges, frisches Suppenhuhn, je fetter, desto besser (das Fett muß man ja nicht mitessen, aber es ist nun mal der wichtigste Geschmacksträger).
Sodann werden gebraucht:
1 Zwiebel
1 Karotte
1 Stange Lauch
1 Stück von einer Sellerieknolle
1 Petersilienwurzel
1 Knoblauchzehe
etliche Petersilienstengel
1 Lorbeerblatt
weiße Pfefferkörner, Salz

Die Innereien aus der Bauchhöhle nehmen (Hals und Magen werden mitgekocht), das Huhn genau inspizieren und noch vorhandene Federreste abrupfen. Sodann, damit es beim Kochen seine Form behält, macht man links und rechts der Bauchöffnung zwei Einschnitte und steckt die Beine durch. Nun wird der Vogel in einem ausreichend großen Topf mit kaltem Wasser bedeckt, zum Kochen gebracht und leicht gesalzen. Nachdem das Wasser kocht, die Hitze vermindern, die Brühe darf jetzt nur noch sanft ziehen, der aufsteigende Schaum wird abgeschöpft. Inzwischen das Gemüse putzen, schälen und zerkleinern und nach 1 Stunde mit den Gewürzen zu dem Huhn in den Topf geben. Insgesamt gart die Brühe auf gelindem Feuer 2 bis 2 1/2 Stunden, dann sollte auch das Huhn gar, das heißt weich sein. Die Brühe wird durch ein feines Sieb gegossen und entfettet. Entweder gleich mit einem Löffel – Perfektionisten werden zusätzlich zum Küchenpapier greifen –, oder man stellt sie über Nacht kalt und kann danach das fest gewordene Fett wie einen Deckel abheben.

Das enthäutete, von den Knochen gefieselte, mundgerecht zerkleinerte, hoffentlich nicht zähe Fleisch des Suppenhuhns ist sicher eßbar, aber eben auch ausgekocht. Wem dagegen an gehaltvollem Fleisch gelegen ist, setze die Brühe zunächst mit Hals, Flügelspitzen, Magen (und einer zusätzlichen Handvoll Hühnerklein) auf und gebe das Huhn erst in die kochende Brühe, die von nun an nur noch leise köcheln darf. So bleibt das Aroma im Fleisch – ob es allerdings auch saftig bleibt und zart wird, steht beim Suppenhuhn dahin. Zumindest, was die Keulen anbelangt, bei der fleischigen Brust hat man in der Regel Glück. Das Fleisch kann kleingeschnitten wieder in die Suppe gegeben oder anderweitig verwendet werden, zum Beispiel für Geflügelsalat (siehe Seite 121f.).

Hühnerbrühe läßt sich vielfältig verwenden. Etwa zu einem frühlingshaften

Hühnersuppentopf mit Gemüsen

je 1 Handvoll von allem jungen Gemüse, das zu haben ist, zum Beispiel:
4 Stangen Spargel
2 neue Kartoffeln
1 junger Kohlrabi (mit den grünen Blättchen)
1 kleiner, junger Wirsing
1 dito Sellerieknolle
Röschen vom Blumenkohl
1 Stange Lauch
2 - 3 junge Möhren
breite Bohnen
frische Erbsen
Pastinaken (oder Petersilienwurzeln)
2 Fleischtomaten
Sodann:
1 l kräftige, entfettete Hühnerbrühe
50 g Butter
glatte Petersilie
Salz, Pfeffer, Muskatnuß

Alle Gemüse vorbereiten: schälen, putzen, in gleich große Teile schneiden; die Erbsen palen, die Tomaten häuten und entkernen. Erbsen und Bohnen in Salzwasser blanchieren und in kaltem Wasser abschrecken. Die Brühe erhitzen. Alles bereitstellen. Nun in einer großen Pfanne die Butter zerlassen und die Gemüse der Reihe nach, also gemäß der erforderlichen Garzeit, darin anschwitzen und leicht Farbe nehmen lassen. Die Karotten also zuerst. Dabei ständig rühren, damit nichts bräunt oder gar anbrennt. Salzen und pfeffern. Schließlich alles Gemüse in die heiße Brühe geben (die Pfanne damit ausspülen und gleichfalls zugeben), zudecken und etwa 8 Minuten ganz sanft köcheln lassen. Nun das Fleisch (siehe allgemeines Rezept für Hühnersuppe, Seite 20f.) zufügen, abschmecken, die gehackte Petersilie zugeben, Muskat darüber reiben und servieren.

Es gibt ja nicht nur unsere treudeutsche Hühnersuppe, sondern man liebt sie überall auf der Welt, eine aus Indien heißt

Mulligatawny

und man braucht dafür:

1 l Hühnerbrühe
das gewürfelte Brustfleisch eines kleinen Huhns
2 mittelgroße Zwiebeln
50 g Butterschmalz
2 TL scharfer Curry oder 1 TL scharfe Currypaste

Die Zwiebeln in feine Scheiben schneiden, in dem heißen Butterschmalz hellbraun braten und zu dem zerkleinerten Fleisch in eine Terrine geben. Curry in die Brühe rühren, aufkochen, über Fleisch und Zwiebeln in der Terrine gießen und servieren. Die Menge des Currys hängt natürlich von dessen Schärfe ab, die sehr unterschiedlich sein kann. Aber Pfiff sollte die Suppe schon haben – schließlich leitet sich ihr Name vom tamilischen »Milakutanni« ab, was Pfefferwasser bedeutet.

Delikate, fruchtige Schärfe zeichnet die

Thailändische Hühnersuppe mit Kokosmilch

aus:

2 EL helles Sesamöl
1 große oder 2 kleine enthäutete Hühnerbrüste
1/2 l Kokosmilch
1 frische Zitronengraszwiebel
2 grüne Pfefferschoten
2 Frühlingszwiebeln
1 Knoblauchzehe
2 EL Limettensaft
2 EL feingehacktes Koriandergrün

In dem heißen Öl das feingewürfelte Herz der Zitronengraszwiebel und die gehackte Knoblauchzehe kurz anschwitzen. Mit der Kokosmilch und der gleichen Menge Wasser aufgießen, zum Kochen bringen und salzen. Das in mundgerechte Würfel geschnittene Fleisch hineingeben, zudecken und 15 Minuten leise köcheln lassen. Sodann die in dünne Ringe geschnittene Frühlingszwiebel und die entkernten, halbierten und feingeschnittenen Pfefferschoten zufügen und zugedeckt ganz kurz ziehen lassen. Nun den Limettensaft zugießen, abschmecken und mit dem Koriander bestreut servieren. Einige Tropfen geröstetes Sesamöl machen sich zusätzlich gut.

Für diese schnelle Suppe nach chinesischer Art läßt sich eingefrorene Hühnerbrühe prima verwenden, ganz besonders dann, wenn sie mit einem Stück frischen Ingwer gekocht wurde:

Eierblumensuppe

1 l Hühnerbrühe
2 EL trockener Sherry oder Reiswein
1 TL helles Sesamöl
2 Eier
Salz
1 Frühlingszwiebel

Die Brühe zum Kochen bringen, Sherry und Öl zugeben. Die Eier mit einer guten Prise Salz verquirlen und vorsichtig in die kochende Brühe einlaufen lassen. Nur kurz umrühren! Die Frühlingszwiebel in sehr feine Ringe schneiden, die Suppe damit garnieren und sofort servieren. Wenn man Glück hat (oder die entsprechende Phantasie), sieht das geronnene Ei wie blühende Chrysanthemen aus und man wähnt sich schier im Reich der Mitte.

Handfest, aber auch mild und sogar süß kommt Hühnersuppe auf schottische Art daher, und zwar mit Lauch, wie schon der Name sagt:

Cock-a-Leekie

1 l Hühnerbrühe
das zerkleinerte Fleisch eines Suppenhuhns
150 g Backpflaumen
500 g Lauch
1 Gewürzsträußchen (zusammengebunden aus 1 Lorbeerblatt, 2 Thymianzweigen, 6 Petersilienstengeln)
Salz und Pfeffer

Die Brühe mit dem Gewürzsträußchen aufkochen, den schräg in feine Scheiben geschnittenen Lauch und die Backpflaumen hinzufügen und 20 Minuten sanft köcheln lassen. Wenn Lauch und Pflaumen gar sind, das Sträußchen entfernen, das Fleisch zufügen, abschmecken und servieren.

Selbstverständlich darf das Huhn nicht fehlen, welches der gute König Heinrich IV. seinen Franzosen allsonntäglich im Topf wünschte. Sie haben es ihm nicht vergessen, nirgendwo anders steht Huhn so hoch im Kurs wie in Frankreich, nicht nur als

Poule au Pot, Huhn im Topf

Davon werden 6 bis 8 Personen satt:

1 junges Huhn, 2 kg schwer, mit Innereien
1 Handvoll Hühnerklein (Hals, Flügel)
200 g roher Schinken
2 Eier
2 EL feingehackte Petersilie
2 altbackene Brötchen ohne Rinde, gewürfelt
1/2 Tasse Milch
4 Knoblauchzehen
2 Zwiebeln
2 Karotten
1/2 Sellerieknolle
1 Gewürzsträußchen (zusammengebunden aus 1 Lorbeerblatt, 2 Thymianzweigen, 6 Petersilienstengeln)
4 Gewürznelken
geriebene Muskatnuß
schwarze und weiße Pfefferkörner
Salz, Pfeffer
geröstete Weißbrotscheiben

Das Huhn innen wie außen salzen und pfeffern. Die Brötchenwürfel mit der heißen Milch übergießen, verrühren und abkühlen lassen. Den Schinken mit der Hühnerleber im Mixer pürieren, den Knoblauch hacken. In einer Schüssel die Eier verquirlen, mit der Schinken-Leber-Farce, der Brotpaste, dem Knoblauch und der Petersilie gut vermischen, mit Salz, Pfeffer und Muskatnuß herzhaft abschmecken. Das Huhn damit füllen und mit einem Rouladenspießchen zustecken (oder zunähen). Die Zwiebeln schälen und mit den Nelken bestekken, Karotten und Sellerie schälen und in Stükke schneiden. Einen genügend großen Topf mit dem Hühnerklein, dem Magen des Huhns, Salz, dem Gewürzsträußchen und Wasser aufsetzen, zum Kochen bringen und das Huhn einlegen. Aufkochen und auf kleiner Flamme 2 Stunden garen lassen. Danach das Gemüse zufügen und eine weitere Stunde köcheln. Anschließend das Huhn herausnehmen, häuten, tranchieren und mit Brühe beträufelt zusammen mit dem Gemüse warm stellen. Die Brühe durch ein feines Sieb gießen, abschmecken und mit dem Röstbrot servieren, das Huhn samt Füllung und Gemüse bildet den zweiten Gang.

Gebundene Hühnersuppe heißt

Crème à la Reine

zu deutsch »Königinsuppe«, und hat etwas Altmodisch-Festliches:

1 l Hühnerbrühe
1 EL Butter
2 EL Mehl
1 Eigelb
2 EL Sahne
1 Spritzer Zitronensaft
1 kleines Glas Weißwein
gehackte Petersilie
einige Blumenkohlröschen
Spargelköpfe und Champignons
Salz, Pfeffer

In einem Suppentopf die Butter heiß werden, aber nicht bräunen lassen, das Mehl darüber stäuben und unter Rühren hell anschwitzen. Mit der Brühe auffüllen und dabei mit dem Schneebesen emsig rühren, damit sich keine Klümpchen bilden. Zunächst die Blumenkohlröschen und, wenn sie fast gar sind, die Spargelspitzen zufügen. Unterdessen die blättrig geschnittenen Pilze rasch in heißer Butter braten, salzen, pfeffern, mit Zitronensaft beträufeln und ebenfalls zur Suppe geben. Sie wird sodann mit dem mit der Sahne vermischten Eigelb gebunden und darf jetzt nicht mehr kochen. Den Wein zugeben, abschmecken und mit der feingehackten Petersilie bestreut servieren. Man kann die Suppe mit der gewürfelten Brust des Suppenhuhns anreichern.

Von exotischer Würze ist dieser Hühner-Reiseintopf nach südchinesischer Art:

Hainan Chicken Rice

1 frisches Huhn, 1,2 bis 1,5 kg schwer
2 Knoblauchzehen
schwarzer Pfeffer, Salz
2 EL chinesische helle Sojasauce
Brühe:
1 Bund Frühlingszwiebeln
1 Stengel Bleichsellerie
50 g frische Ingwerwurzel

2 rote Chilischoten
2 Möhren
2 Knoblauchzehen
Salz
Reis:
2 Tassen Langkornreis
4 Tassen von der Hühnerbrühe
4 EL Kokosmilch
2 EL helles Sesamöl
2 Zwiebeln
Salz

Das Huhn waschen und trockentupfen. Knoblauch durch die Presse drücken, mit den Gewürzen und der Sauce mischen und das Huhn damit gut einreiben. In Folie wickeln und mindestens 1 Stunde marinieren, länger schadet nicht.

Das Weiße und Hellgrüne der Frühlingszwiebeln in Stücke schneiden, Ingwer schälen und reiben, das Fruchtfleisch der halbierten, von Samen und Scheidewänden befreiten Chilischoten fein hacken, ebenso den Knoblauch. Selleriestange und Möhren in Stücke schneiden. Das Gemüse mit Wasser aufkochen, das Huhn einlegen, salzen, die Hälfte des frisch geriebenen Ingwers zugeben und etwa 1 1/2 bis 2 Stunden sanft köcheln lassen, bis sich das Hühnerfleisch leicht von den Knochen lösen läßt.

Brühe mit der Kokosmilch verrühren. In einem Topf die feingehackten Zwiebeln im heißem Sesamöl anschwitzen, den Reis zugeben und unter Rühren glasig werden lassen. Mit der Kokos-Hühnerbrühe aufgießen, den restlichen geriebenen Ingwer und Salz zugeben und zugedeckt bei milder Hitze ca. 30 Minuten bei ganz geringer Hitze körnig garen. Dabei aufpassen, daß der Reis nicht anbrennt, eventuell Brühe nachgießen.

Das Huhn häuten, von den Knochen lösen und in mundgerechte Stücke schneiden. Mit dem Reis anrichten, die Hühnerbrühe mit den Gemüsen kann vorher als Suppe serviert werden.

*Sofort erschien eine Magd und
brachte ein gebratenes Huhn und schönen
rotgesprenkelten Kopfsalat.*
Adalbert Stifter

Kein Kenner wird bestreiten, daß gebratenes Geflügel, gleich welches, den größten Wohlgeschmack aufweist, wenn es auf dem Grillspieß gegart wurde, also bei Strahlungshitze. Und am schmackhaftesten gerät es durch die der Holzkohle. Deren Hitze und Aroma sowie die Tatsache, daß das Fleisch gleichzeitig »von frischer Luft umspület werde«, so heißt es in alten Kochbüchern, bewirke die besondere Delikatesse und Saftigkeit eines am Spieß gebratenen Geflügels. Andererseits war das Braten am Spieß hierzulande nie sehr beliebt, auch unsere Grillfreunde halten sich da auffallend zurück. Da sich jedoch die modernen Backöfen leicht mit einem Grillspieß aufrüsten lassen, stellt das Grillhähnchen keine Schwierigkeit dar, und man braucht nicht viel dafür:

Grillhähnchen

1 frisches Huhn von 1,2 bis 1,5 kg, küchenfertig, ohne Innereien
Salz, Pfeffer
1 Bund Petersilie
2 Zweige frischer Thymian
2 Schalotten
Marinade:
4 EL Öl
1 TL Paprikapulver, edelsüß
zerriebener, getrockneter Thymian und Rosmarin
Bier

Das gewaschene, gut abgetrocknete Huhn innen und außen mit Salz und Pfeffer einreiben. Petersilie, Thymian und die geschälten Schalotten in die Bauchhöhle füllen und mit einem Zahnstocher oder Rouladenspieß zustecken. Den Grill vorheizen. Das Huhn mit Küchengarn so binden, daß Keulen und Flügel dicht anliegen. Öl, Kräuter und Paprika verrühren, das Huhn damit bestreichen und 30 Minuten ruhen lassen. Sodann auf den Spieß stecken, mit den Klammern befestigen und unter ständigem Drehen etwa eine Stunde grillen, dabei immer wieder mit der Marinade bestreichen. Etwa 10 Minuten vor dem Ende der Garzeit das Huhn mit Bier bepinseln, damit die Haut knusprig wird. Grillt man mit Holzkohle, sollte sich die Glut seitlich befinden, so kann das Fett nicht hineintropfen.

Auch ohne Drehspieß läßt sich ein Huhn (und jedes andere Geflügel) grillen: auf dem Rost, und zwar »auf Krötenart« (»à la Crapaudine«):

Dem Huhn mit einer Küchenschere das Rückgrat herausschneiden, so daß man es auseinanderklappen und flach hinlegen kann. Nun schlägt man mit der Faust oder einem Fleischklopfer kräftig darauf, um die Rippen, die Schulter- und Brustknochen zu brechen. Die Flügelspitzen schneidet man ab, sie würden bloß hart und trocken werden. Das Huhn nun allseitig salzen, pfeffern und, wie oben, marinieren. Anschließend legt man es mit der Hautseite nach unten auf den Backofenrost, schiebt die Fettpfanne darunter und grillt es im Ofen 15 Minuten lang. Dann wird es umgedreht und noch weitere 25 Minuten fertig gegrillt. Bitte das Bestreichen mit der Marinade nicht vergessen und darauf achten, daß ein Abstand von 10 cm zu den glühenden Grillstäben besteht.

Zum Grillhähnchen schmecken Kartoffelsalat oder auch grüner Salat und frisches Weißbrot.

Daß Brathuhn fast in keinem Gasthaus mehr angeboten wird, ist bedauerlich. Denn ein Huhn so zu braten, daß es außen kroß und innen saftig wird, ist keineswegs schwierig, macht kaum Arbeit, die jedoch mit einer gewissen liebevollen Zuwendung getan werden muß. Um die nicht zu vergeuden, kauft man sich frische, frei gelaufene Hühner, die mit Körnern gefüttert worden sind.

Brathuhn

2 Hähnchen
Salz, Pfeffer, Zitronensaft
1 Zweig frischer Rosmarin
1 Bund Petersilie
50 g Butterschmalz
1 Zwiebel
1 Karotte
1 Stück Sellerieknolle
1/8 l Hühnerbrühe

Den Backofen auf 220 °C vorheizen. Die bratfertigen Hähnchen innen salzen und die Kräuter hineinstopfen. Von außen salzen, pfeffern und mit Zitronensaft beträufeln. Nun in einer Pfanne im heißen Butterschmalz von allen Seiten anbraten, die gewürfelten Gemüse kurz mitrösten, dann alles in eine passende, ofenfeste Form umfüllen und auf der mittleren Schiene des Ofens etwa 45 Minuten braten. Dabei immer wieder mit dem Bratensatz begießen oder bepinseln, nach und nach die heiße Brühe angießen.

Die braungebratenen, duftenden Hähnchen herausnehmen und warm stellen. Den Bratensaft durch ein Sieb in einen Topf abgießen, dabei das Gemüse gut ausdrücken. Den Topf schräg stellen und den Saft mit einem Löffel entfetten. Abschmecken und getrennt zu den geviertelten Hähnchen servieren. Gut schmecken dazu mehlige Salzkartoffeln und grüner Salat.

Auch die japanische Küche kennt Grillhähnchen, man beizt das Fleisch über Nacht:

Teryaki-Hähnchen

2 kleine Hähnchen
je 6 EL Erdnußöl und Sojasauce
3 EL Reiswein oder trockener Sherry
2 Knoblauchzehen
1 EL feingehackte Orangenschale
1 TL frischer, geriebener Ingwer

Die Hähnchen halbieren, sodann vierteln. Alle übrigen Zutaten zu einer Marinade verrühren. Die Hähnchenviertel in eine flache Schüssel legen, mit der Marinade begießen, zudecken und über Nacht kühl stellen, ab und zu wenden. Am nächsten Tag den Backofengrill vorheizen. Die Hähnchenviertel gut abtropfen lassen und über die Fettpfanne auf den Grillrost legen (Hautseite nach unten). In den Ofen schieben, dabei darauf achten, daß das Fleisch mindestens 10 cm Abstand zu den glühenden Grillstäben hat. Sonst bräunt es zu schnell und wird trocken. Nach 15 Minuten wenden, mit der Marinade bestreichen und in etwa 20 Minuten gar und knusprig grillen.

Zum Picknick oder auf Feten sind knusprig gebratene ***Hähnchenschenkel*** ein Hit, auch deshalb, weil sie sich ohne Besteck essen lassen. Außerdem schmecken sie auch kalt sehr gut – wobei mit »kalt« nie die trockene, jegliches Aroma tötende Kühlschrankkälte gemeint ist. Wenn man also schon mal dabei ist, Hähnchenschenkel zu braten, mache man gleich mehr davon.

Die dünne Fettschicht unter der Haut verhindert, daß die Schenkel trocken werden, so daß man sie getrost im Ofen backen kann. Vorher aber werden sie entweder mariniert oder paniert. Zum Beispiel …

… mit frischen Kräutern: Die Schenkel salzen, in Mehl wälzen und durch geschlagenes Ei ziehen. Nun in Paniermehl, das mit gehackter Petersilie, Estragon und Thymian vermischt wurde, wenden und im auf 200 °C vorgeheizten Backofen etwa 30 Minuten backen, dabei einmal wenden.

… mit Chili mariniert: Aus scharfer, roter Chilisauce, durchgepreßtem Knoblauch, Essig und Honig eine Marinade rühren. Die Schenkel wie oben backen und dabei häufiger mit der Chilimarinade bestreichen.

Hühnerbrüste sind so schnell gar, daß man sie in der Pfanne braten kann, ohne Gefahr zu laufen, daß sie trocken werden. Sie haben kaum Fett und sind leicht verdaulich. Man kauft Hähnchenfilets frisch und bereits ausgelöst, also ohne Knochen, beim Geflügelhändler und kann eine Menge damit anstellen.

Immer werden sie bei mittlerer Hitze in Butterschmalz von beiden Seiten gebraten, und länger als insgesamt 5 Minuten dürfen sie nicht in der Pfanne bleiben, sonst werden sie trocken, faserig und der feine Geflügelgeschmack ist dahin.

Man kann …

… vor dem Braten eine Tasche in die Filets schneiden und Verschiedenes darin unterbringen:
gehackte, in Butter gebratene, mit Salz, Pfeffer und Zitronensaft gewürzte Champignons zum Beispiel. Oder blanchierten, mit Salz, Pfeffer und Muskat abgeschmeckten Spinat. Und warum nicht mit Kräutern kurz angebratene Hühnerleber?

… die goldbraun gebratenen Filets mit allerlei Garnituren anrichten, mit gekochten, in heißer Butter geschwenkten Maiskörnern, mit Broccoli, Karotten oder mit allem zusammen.

… den Bratensatz mit Wein und Sahne in eine schnelle, leckere Sauce verwandeln.

Zu dem feinen Fleisch schmecken, neben zartem Gemüse, Risotto, Nudeln oder gekochte Kartoffeln.

Gekocht, gegrillt und gebraten wurden die Hühner bereits, nun geht es an die leckeren Schmorgerichte.

Hier ein Hühnergericht aus der Normandie, nimmt man Apfelwein statt Cidre, wird ein hessisches daraus:

Huhn mit Cidre

2 Brathähnchen
Salz, Pfeffer
2 grobgehackte Zwiebeln
150 g geviertelte Champignons
Öl
1/4 l Cidre

Backofen auf 220° C vorheizen. Die Hähnchen in jeweils 8 Stücke zerteilen, mit Salz und Pfeffer würzen und zusammen mit Zwiebeln und Champignons in einem Bräter in heißem Öl anbraten. Cidre angießen und im Backofen etwa 25 Minuten garen, dabei immer wieder begießen, ab und zu wenden.

Dazu paßt ein ***Kartoffel-Apfel-Gratin***:

500 g Kartoffeln und 300 g Äpfel schälen, in dünne Scheiben schneiden und schichtweise in eine feuerfeste Form geben. Mit ca. 2 Bechern gewürzter Sahne (Salz, Pfeffer, Muskat) begießen und das Gratin sodann ungefähr 45 Minuten bei 180° C im Ofen goldgelb backen.
Die Hühner in vier Teile zerlegen und zusammen mit dem Gratin servieren.

Ein feines, säuerlich-erfrischendes geschmortes Huhn, das auch bei einem festlichen Essen eine gute Figur macht:

Poulet sauté au Vinaigre, Essighuhn

1 Huhn von mindestens 1,5 kg Gewicht
1 - 2 EL Butterschmalz
1 Bund Frühlingszwiebeln
1 große Karotte
4 Tomaten
2 - 4 Knoblauchzehen
2 TL Tomatenmark
1/8 l Hühnerfond
1 Becher süße Sahne
je 1/2 Weinglas Estragonessig und Weißwein
1 TL Senf
2 Zweige frischer Thymian
Butter, Salz und Pfeffer
Bandnudeln

Das Huhn in 8 Teile zerlegen und die Stücke im nicht zu heißen Butterschmalz in aller Ruhe goldbraun anbraten. Das geht am besten in einem Schmortopf aus Gußeisen. Tüchtig salzen und pfeffern. Nach dem Anbraten herausnehmen.

Die geschälten Frühlingszwiebeln und Knoblauchzehen sowie die in streichholzgroße Stifte (Juliennes) geschnittene Karotte im Bratfett anrösten. Dabei ständig bewegen, denn richtig bräunen sollen die Gemüse auf keinen Fall. Tomatenmark und Senf einrühren, mit Essig und Wein ablöschen. Abschmecken. Die Hühnerteile zugeben, außer den Bruststücken. Deckel drauf und bei 200° C ab in den Backofen. Nach etwa 45 Minuten auch die Bruststücke zugeben und alles nochmals gut 15 Minuten zugedeckt köcheln.
Das Fleisch herausnehmen, wenn es gar ist; zugedeckt warm stellen, und den Schmorsaft zunächst mit einem Löffel, dann mit Küchenpapier entfetten. Sodann Sahne und Hühnerfond zugeben, auf dem Herd kräftig einkochen und immer wieder abschmecken.

Unterdessen war Zeit genug, die Bandnudeln aufzusetzen, die Tomaten zu enthäuten, sie von den Kernen und allem Wäßrigen zu befreien und in kleine Stückchen (Concassé) zu schneiden. Die kommen zum Schluß zusammen mit dem Thymian in den Hühnertopf und sind im Nu gar. Nochmals abschmecken, denn Tomaten schlucken viel Salz; mit einer Prise Zucker abrunden.

Mittlerweile sind auch die Nudeln soweit; eine zusätzliche Gemüsebeigabe erübrigt sich. Also auf den Tisch damit, wo der Wein schon verheißungsvoll im Glas funkelt. Das kann, wie immer beim Huhn, sowohl ein gehaltvoller Weißer sein (z. B. Chardonnay) oder auch ein leichter Roter mit wenig Gerbsäure.

Mit dem trockenen Wermut kommen die Noten des Südens ins Spiel:

Huhn mit Estragon in Wermutsauce

1 Huhn von ca. 1,5 kg Gewicht
2 EL Butterschmalz
1/2 l Hühnerfond
Mehl
2 EL gehackte Schalotten
0,2 l trockener Wermut (Noilly Prat)
Salz, Pfeffer, frischer Estragon
1 Becher Sahne
1 Eigelb

Huhn in 8 bis 10 Stücke zerteilen und mit Salz und Pfeffer würzen. In Mehl wenden und die Teile in Butterschmalz bei mittlerer Hitze goldbraun anbraten, salzen und pfeffern. Zum Schluß die Schalottenwürfel zugeben und unter ständigem Rühren anschwitzen. Die Bruststücke herausnehmen. Mit Wermut und Hühnerfond auffüllen, eventuell nochmals salzen und pfeffern. Im auf 150° C vorgeheizten Backofen zugedeckt etwa 45 Minuten garen, ab und zu wenden. Erst nach 30 Minuten die Bruststücke wieder zugeben, so bleiben sie saftig. Die garen Hühnerteile mit einer Gabel herausnehmen und warm stellen. Von dem Schmorsaft das überschüssige Fett zunächst abschöpfen, den Rest mit Küchenpapier abtupfen und um die Hälfte einkochen. Gehackten Estragon und Sahne zugeben, die Sauce mit dem Eigelb binden und nicht mehr kochen lassen. Abschmecken. Die Hühnerteile in der Sauce 5 Minuten ziehen lassen und servieren.

Gut passen dazu frische Morcheln, Spargel oder Kaiserschoten sowie feine Nudeln.

Dies ist die elsässische Version des berühmten Coq au Vin (das mit Rotwein gekocht wird).

Huhn in Riesling

1 frei gelaufenes, mit Körnern gefüttertes, frisches Huhn von ca. 2 kg Gewicht
100 g Butter
2 Schalotten
1 EL Mehl
1 Flasche trockener Riesling
200 g Champignons
1/4 l Crème fraîche
Saft von 1/2 Zitrone
Salz, Pfeffer

Das Huhn in 8 Teile schneiden und in einem Teil der Butter bei nicht zu großer Hitze langsam, aber gründlich anbraten, dabei salzen und pfeffern. Im Schmortopf, der so groß ist, daß die Hühnerteile nebeneinander liegen können, die feingehackten Schalotten in weiterer Butter anschwitzen. Die Hühnerstücke dazugeben, mit dem Mehl bestäuben und eine schöne, goldgelbe Farbe annehmen lassen. Dann den Riesling angießen und probieren, ob noch gesalzen oder gepfeffert werden muß. Backofen auf 180° C vorheizen.

Den Schmortopf zudecken und in den Backofen stellen, nach 10 Minuten die Hitze auf 150° C zurückschalten und ungefähr weitere 30 Minuten garen. Die Champignons putzen, in Scheiben schneiden und in der restlichen Butter scharf anbraten, dabei salzen, pfeffern und mit etwas Zitronensaft beträufeln.

Die garen Fleischstücke herausnehmen und warm stellen. Den Fond nach Belieben durchsieben, die Crème fraîche angießen und alles um die Hälfte einkochen. Die Champignons hinzufügen, mit Zitronensaft, Salz und Pfeffer abschmecken.

Die Sauce mit den Hühnerteilen servieren, feine Nudeln dazu reichen und einen kräftigen Riesling.

In Indien, der Urheimat unserer Hühner, ist ein halbkugeliger Lehmofen in Gebrauch, der Tandoori heißt. Darin wird vor allem dünnes Fladenbrot gebacken, aber man gart auch Fleisch darin, besonders gern ein mit einer würzigen Paste bedecktes Huhn.
In unseren Backöfen läßt es sich jedoch auch zubereiten:

Tandoori-Hähnchen mit Kartoffelcurry

1 frisches Huhn, etwa 1,2 kg schwer
Saft von 1 Limette
1 TL Salz
1 1/2 TL schwarzer Pfeffer
250 g Joghurt
4 - 5 EL Weinessig
2 EL Erdnußöl
50 g sehr feine Zwiebelwürfel
2 Knoblauchzehen
1 EL frisch geriebener Ingwer
2 TL Korianderkörner
2 TL Kreuzkümmel (Cumin)
1/4 TL Kurkuma (Gelbwurz)
2 TL Paprikapulver, edelsüß
1/2 TL Chilipulver

Das gewaschene und trockengetupfte Huhn in 4 bis 6 Teile zerlegen. Die Haut einritzen, mit Limettensaft, Salz und Pfeffer einreiben und 30 Minuten ruhen lassen. Joghurt mit Essig und Öl gründlich verrühren, Zwiebelwürfel, gepreßten Knoblauch und alle übrigen Gewürze zufügen und zu einer Paste verrühren. Die Hühnerteile gut trockentupfen, in eine feuerfeste Form legen und mit der Paste vollständig bedecken. Zudecken und über Nacht im Kühlschrank marinieren lassen. 1 Stunde vor dem Braten herausnehmen, den Backofen auf 200° C vorheizen. Die Paste nochmals gut auf den Hühnerteilen verstreichen, die Form mit Alufolie zudecken und sodann im heißen Ofen etwa 30 Minuten garen, nach der Hälfte der Zeit die Folie entfernen.

In der Zwischenzeit kocht man das
Kartoffelcurry:

1 kg gekochte Pellkartoffeln
250 g Zwiebeln
3 EL Öl
1/2 TL braune Senfkörner
100 g grüne Erbsen (TK oder frisch ausgepalt)
1/2 TL Kurkuma
1/2 TL Chilipulver
2 TL gemahlener Koriander
1 TL gemahlener Kreuzkümmel
Salz
2 - 3 EL Kokosraspeln

Die Kartoffeln pellen und würfeln, die Zwiebeln in Ringe schneiden. Das Öl in einem breiten Topf mäßig erhitzen und die Senfkörner zugedeckt (damit sie nicht herausspringen) darin braten, bis sie zerplatzen. Die Zwiebelringe zufügen und hellbraun anbraten. Erbsen, Kartoffelwürfel sowie alle übrigen Gewürze zugeben. Gut mischen und bei schwacher Hitze 10 bis 15 Minuten zugedeckt schmoren lassen.

Das Huhn mit dem Kartoffelcurry anrichten und mit den Kokosraspeln bestreut servieren.

Schnell zu kochen, wunderbar duftend, erfüllt von den Aromen des Südens – all diese Vorzüge vereinigt auf sich das Huhn nach Art der Provence,

Provençalisches Huhn

1 Huhn von mindestens 1,2 kg Gewicht
1 große Zwiebel
2 - 3 Knoblauchzehen
200 g blättrig geschnittene Champignons
100 g grobgehackte schwarze Oliven
2 gehäutete, entkernte und gewürfelte Tomaten
2 EL Tomatenketchup
1 enkernte und kleingeschnittene Peperoni
0,2 l Rotwein
Salz, Pfeffer, Rosmarin, Thymian, Olivenöl
2 EL geriebenes altes Weißbrot
1 Bund glatte, gehackte Petersilie

Das Huhn in 8 Stücke zerlegen, salzen, pfeffern und in einer Pfanne ringsum anbraten, dann herausnehmen. Zwiebel fein schneiden und in Olivenöl glasig dünsten. Die Pilze, Tomaten, Peperoni und Oliven zugeben und andünsten. Die Gewürze hinzufügen und mit Rotwein ablöschen. Hühnerteile zugeben, dann zudecken und 20 Minuten schmoren lassen, eventuell zwischendurch etwas Wein nachgießen. Das Brot in etwas Öl kurz rösten, Petersilie und einige gehackte Rosmarinnadeln zufügen und die Mischung über das Fleisch geben.

Dazu passen Salat und in Olivenöl geröstetes Baguette.

Da sich mit Huhn in der Küche nahezu alles anstellen läßt, kann man es selbstverständlich auch fritieren oder in heißem Fett ausbacken. Meisterliche Zubereitungen finden sich dafür in den asiatischen Küchen. Aber auch (vor allem, wenn es dazu einen erstklassigen Kartoffelsalat gibt) das brave österreichische Backhendl braucht sich nicht zu verstecken, kleine Brathähnchen oder zartfleischige Stubenküken eignen sich am besten dafür.

Wiener Backhendl

2 junge, ganz frische Hähnchen oder Stubenküken
Salz, Pfeffer, Petersilie
3 - 4 EL Mehl
2 Eier
1 - 2 Tassen frisch geriebenes Weißbrot
Ausbacköl oder, besser noch, Butterschmalz
4 Zitronenviertel

Die küchenfertigen Hähnchen mit der Küchenschere in 4 Teile schneiden, salzen, pfeffern und 30 Minuten ruhen lassen. Das Mehl in einen tiefen Teller geben, die verquirlten Eier in einen anderen und in einen dritten die Brösel. In zwei Pfannen das Öl oder Butterschmalz erhitzen, den Backofen auf 80° C vorheizen. Nun muß schnell gearbeitet werden, damit die Panade nicht durchweicht und abblättert. Die Hühnerteile im Mehl wenden und überschüssiges abschütteln. Sodann im Ei wenden, so daß sie vollständig davon überzogen sind, schließlich im Paniermehl wenden, gut andrücken. Nun werden die Hühnerteile ins heiße Fett gegeben, zunächst mit der Hautseite nach unten, und bei mittlerer Hitze 8 bis 10 Minuten gebacken, sodann umgedreht und weitere 5 bis 6 Minuten gebacken, bis sie goldbraun sind. Herausnehmen, auf Küchenpapier abtropfen lassen und im Backofen warm halten, bis alle Teile fertig sind.

Mit den Zitronenvierteln und gehackter Petersilie servieren, den *Kartoffelsalat* nicht vergessen:

1 kg festkochende Kartoffeln
2 Schalotten
1/8 l Fleischbrühe
Walnußöl, Weinessig
Salz, schwarzer Pfeffer, Zucker
1 Bund Schnittlauch

Die Kartoffeln bürsten und in Salzwasser mit einer Prise Kümmel gar kochen. Unterdessen die Fleischbrühe erhitzen und salzen, die Schalotten schälen und in kleine Würfel schneiden. Die Kartoffeln abgießen, etwas abkühlen lassen, schälen und in etwa 3 mm dicke Scheiben schneiden. Und zwar gleich in die heiße Fleischbrühe hinein, von der die Kartoffelscheiben eine Menge aufsaugen. Auf diese Weise nehmen sie nicht nur Geschmack an, sondern benötigen auch weniger Öl. Immer wieder durchrühren und nach und nach Essig dazugießen. Schließlich kommen auch die Schalottenwürfel hinzu, und gewürzt wird mit frisch zermörsertem schwarzen Pfeffer und mit Salz. Den Salat mit etwas Zucker und dem Walnußöl abrunden. Zu guter Letzt folgt, in Gestalt feiner Röllchen, der Schnittlauch. Zudecken, warm stellen; immer wieder durchrühren, abschmecken und nachwürzen.

Natürlich kann man auch ein Brathuhn füllen, dieses reicht in einem Menü gut und gern für 6 Personen:

Gefülltes Huhn

1 frisches, großes Huhn
Füllung:
2 feine Bratwürste
die Leber des Huhnes und eine weitere (kann auch von der Ente, Gans oder Pute sein)
1 Ei, 3 EL Pistazienkerne
1 TL getrockneter roter Pfeffer (»Rosa Beeren« genannt)
20 g getrocknete Steinpilze oder Herbsttrompeten
1 TL Zitronensaft
1 Brötchen (oder 2 - 3 Scheiben Weißbrot) vom Vortag, entrindet, kleingeschnitten und in warmer Milch eingeweicht
1 TL Thymian
1/2 TL Rosmarin
1 EL Butter
je 1 feingehackte Schalotte und Knoblauchzehe
1 Schuß Hühnerfond
1 EL Crème double
2 - 3 EL dunkler Portwein
Salz, schwarzer Pfeffer

Vom Hals, dem gut gesäuberten Magen und den Flügelspitzen (wenn es zu wenig erscheint, noch eine Handvoll Hühnerklein dazugeben) mit dem üblichen Gemüse einen Hühnerfond kochen. Über Nacht kalt stellen und das Fett abnehmen. Ein guter Viertelliter Fond sollte es sein.

Zum Braten:
je 1 grobgehackte Zwiebel und Karotte
2 EL Butter
besagten 1/4 l Hühnerfond
Salz, Pfeffer
Portwein

Wurstbrät in eine Schüssel drücken, die grobgehackten Pistazien zufügen sowie den Portwein, den Fond, die Crème double, den roten Pfeffer und das Ei. Das gut ausgedrückte Brot gleichfalls. Die Lebern in der Butter rasch an-, aber nicht durchbraten. Salzen, pfeffern, abkühlen lassen und in kleine Würfel schneiden. Zur Farce damit. In der Bratbutter feingehackte Schalotten und Knoblauchzehen andünsten, Thymian, Rosmarin und die vorher eingeweichten Pilze grob zerschnitten dazugeben. Kräftig rühren, denn die Pilze sollen braten, nicht dünsten. Den Zitronensaft darüberträufeln. All das kommt abgekühlt ebenfalls zur Farce. Beim Abschmecken ist zu beachten, daß die kalte Farce nicht so kräftig schmeckt wie die spätere Füllung, die warm gegessen wird. Am besten formt man einen kleinen Kloß und brät ihn rasch in Butter. So läßt sich feststellen, ob richtig gewürzt wurde. Den Backofen auf 200° C vorheizen. Die Farce sollte geschmeidig sein, und wenn sie ziemlich feucht ist, keine Sorge das feine Wurstbrät bindet mit dem Ei gut ab. Das Huhn wurde innen leicht gesalzen und gepfeffert. Die Farce einfüllen und das Huhn mit einem Rouladenspießchen zustecken.

Das Huhn mit weicher Butter bestreichen, nun auch von außen salzen und pfeffern und in einem passenden Schmortopf (am besten aus Gußeisen) auf die Seite legen, die Zwiebel- und Karottenstücke dazu. In den Ofen damit. Nach 15 Minuten die Temperatur auf 180° C reduzieren und den Hühnerfond angießen. Nun den Vogel unter häufigem Wenden und fleißigem Begießen gar und appetitlich braun werden lassen. Zuletzt auf den Rücken legen, damit auch die Brust Farbe kriegt. Insgesamt dauert das, bei einem 1,8-Kilo-Huhn, gut 1 1/2 Stunden. Herausnehmen, auf einer vorgewärmten Platte im abgeschalteten, geöffneten Backofen gut 15 Minuten ruhen lassen.

Währenddessen den Bratensaft durch ein Sieb abgießen, kurze Zeit stehen lassen und entfetten. Zunächst mit einem flachen Löffel, dann mit Küchenpapier. Nochmals abschmecken, einen Schuß Portwein dazu und servieren. Dazu:

Getrüffeltes Kartoffelpüree

1 kg mehligkochende Kartoffeln
1 Tasse heiße Milch
1 Gläschen Trüffelbutter (80 g)
Salz, frisch geriebene Muskatnuß

Die Kartoffeln schälen, waschen und wie Salzkartoffeln gar kochen. Abgießen und abdampfen lassen. Mit dem Kartoffelstampfer pürieren, nicht mit dem Rührgerät(!), der Kartoffelbrei würde sich in eine zähe, klebrige Masse verwandeln, statt in eine luftige Leckerei. Sodann das trockene Püree mit einem Schuß heißer Milch und mittels eines Schneebesens geschmeidig machen. Sodann Stück für Stück den Inhalt des Gläschens Trüffelbutter hineinrühren, und ein feiner, extravaganter Duft wird dem Topf entströmen. Übrigens ist niemand daran gehindert, den Trüffelbutteranteil zu verdoppeln. Zu guter Letzt das Püree mit Salz und einem Hauch Muskatnuß abschmecken und ohne Verzug auf den Tisch bringen. Es dürfte nichts davon übrigbleiben.

In dem Eichborn-Buch »Tischlein deck' dich!« stellt Wolfram Siebeck ein mit besonders edlen Zutaten gefülltes Huhn vor, 6 Personen werden davon satt. Es heißt zu Recht:

Poulet Royal

1 mit Körnern gefüttertes Huhn von 2,5 kg Gewicht
200 g frische Gänseleber
2 pflaumengroße, schwarze Trüffeln
250 g gekochter Schinken
150 g Brioche ohne Rinde
Cognac, Petersilie
Pfeffer, Salz, viel Butter

Das ausgenommene und gewaschene Huhn wird von innen gesalzen und mit den angegebenen Zutaten (außer der Butter) gefüllt. Die Gänseleber (Foie gras) wird sorgfältig von Sehnen und Adern gesäubert, dann in kleine Würfel geschnitten, Kantenlänge ca. 1,5 cm. Diese werden mit Cognac oder Armagnac beträufelt. Die Trüffeln bürsten und ebenfalls würfeln, aber die Würfel nur halb so groß wie die der Gänseleber.

Der Schinken sollte sehr saftig sein. Er wird ebenfalls in Würfel geschnitten, wobei darauf zu achten ist, daß der Fettanteil höchstens ein Viertel ausmacht. Größe wie bei der Foie gras.

Brioche ist ein feines Weißbrot, das mit viel Butter und Eiern gebacken wird. Man kauft es fertig beim Konditor. Die Rinde wird abgeschnitten und das Brot ebenfalls in Würfel geschnitten, diese aber doppelt so groß wie die Schinkenstücke. Sie werden in einer gebutterten Pfanne geröstet, bis sie goldbraun sind.

Alle gewürfelten Zutaten in einer Schüssel mit reichlich gehackter Petersilie bestreuen und locker vermischen. Dabei vorsichtig salzen und pfeffern und damit das Huhn füllen. Das derart königlich gefüllte Huhn wird zugenäht, dann von außen gründlich mit Salz eingerieben.

Butter erhitzen und damit das Huhn bepinseln. Dabei etwa verlorengehendes Salz ersetzen. In eine passende Bratform setzen und in den auf 200° C vorgeheizten Ofen schieben. Während der Bratzeit wird das Huhn immer wieder mit Butter bepinselt. Zuerst liegt es 20 Minuten auf einer Seite, dann 20 Minuten auf der anderen Seite und danach 20 Minuten auf dem Rücken. Wenn die Haut rundherum schön braun geworden ist, dürfte es gar sein. Ein kleineres Huhn wird dann aber schon zu lange im Ofen sein. Das fertige Huhn am Tisch tranchieren und die Füllung gerecht verteilen.

Stubenküken

Mit Stubenküken ist keine eigene Rasse gemeint, es handelt sich vielmehr um den Nachwuchs ganz normaler Hühner, die unter 500 g wiegen. Früher ergaben sie sich sozusagen von selbst, als man auf den Bauernhöfen noch Glucken setzte, um sie Küken ausbrüten zu lassen. Da man kein Interesse daran hatte, die jungen Hähne großzuziehen, man wollte ja Legehennen, wurden die Junghähnchen nach etwa 4 Wochen, wenn das Geschlecht sicher zu bestimmen war, geschlachtet. Vom Hamburger Stubenküken ist oft die Rede, und »es wäre der vollkommenste Typus dieser Art, wenn es nicht zu oft mit Fisch gefüttert würde«, merkte Escoffier etwas spitz an. Gleichwohl können Hamburger Stubenküken sehr fein sein. »Stubenküken« meint, daß die noch recht empfindlichen Hähnchen ehemals im Haus gehalten wurden. Ähnlich zartes Junggeflügel kam in früheren Jahren aber auch aus Belgien; nach wie vor begehrt sind die elsässischen Poussins de Wantzenau; Poussins de Bresse kosten am meisten.

Stubenküken Großmutter Art

Für 4 Personen:

4 Stubenküken
2 EL Traubenkernöl
70 g Butter
1 Zwiebel
4 Zweige Thymian
1/4 l Weißwein
100 ml Wasser
1 Schalotte
1 Scheibe geräucherter Speck, etwa 50 g
8 weiße Champignons
200 g frische Erbsen
2 Karotten
Salz, Pfeffer

Die Küken mit Küchengarn zusammenbinden, innen und außen salzen und pfeffern. In einer Pfanne im heißen Öl und der Hälfte der Butter von allen Seiten goldbraun anbraten. Sodann im Backofen bei 200° C ca. 20 bis 30 Minuten braten lassen, ab und an wenden und begießen.

Nach der Hälfte der Bratzeit die zerschnittene Zwiebel und den Thymian zugeben.

Die garen Küken herausnehmen und warm halten. Den Bratensatz mit dem Weißwein und dem Wasser ablöschen und etwas einkochen lassen, abschmecken und durch ein Sieb gießen. Währenddessen in einer Kasserolle die feingehackte Schalotte und den gewürfelten Speck in der restlichen Butter anschwitzen. Die blättrig geschnittenen Champignons, die vorgegarten Erbsen und die gestiftelten Karotten untermischen. Zugedeckt einige Minuten köcheln lassen, mit Salz und Pfeffer abschmecken. Das Gemüse zusammen mit den Stubenküken anrichten.

Das war eine gutbürgerliche Version des Stubenkükens, als Bestandteil eines festlichen Menüs empfiehlt sich

Mit Auberginen und Gänseleber gefülltes Stubenküken,

da genügt ein halbes pro Person.

2 Stubenküken
2 Mini-Auberginen
100 g Gänsestopfleber
2 cl roter Portwein
1/2 TL gemahlene Korianderkörner
1 Schalotte
1 TL Zitronensaft
1 EL Butter
Salz und Pfeffer
1 Ei
1 EL gehackte Petersilie
Zum Braten:
Butter
1 grobgehackte Schalotte
1 kleine, zerstückelte Karotte
1 kleines Glas Portwein zum Begießen

Die Küken innen salzen und pfeffern. Die Schalotte fein hacken und in der Butter unter Rühren anschwitzen. Die in etwa 1 cm große Würfel geschnittenen Auberginen hinzufügen und Farbe nehmen lassen, salzen, pfeffern, mit Zitronensaft beträufeln und abkühlen lassen. Ca. 80 g der Stopfleber in 1 cm große Würfel schneiden und dabei die Adern entfernen. Mit den gemahlenen Korianderkörnern, Salz und Pfeffer bestreuen, mit dem Portwein benetzen, mit dem Auberginenragout, dem Ei und der gehackten Petersilie mischen. Mit dieser Masse die Küken nicht zu fest füllen und zustecken. Den Backofen auf 220° C vorheizen.

In einem Bratentopf Butter zerlassen und die Küken bei nicht zu starker Hitze von allen Seiten darin anbraten. Dabei salzen und pfeffern. Das Gemüse hinzufügen und die Küken im Backofen in gut 30 Minuten garen. Dabei immer mal wieder mit Portwein begießen, ab und zu wenden und erst zuletzt auf den Rücken drehen. Die fertig gebratenen Küken herausnehmen und warm stellen. Den Bratensatz losschaben und mit dem Gemüse in einen Topf umfüllen. Einen Augenblick stehen lassen und das Fett abnehmen. Aufkochen und mit Portwein, Salz, Pfeffer und gemahlenem Koriander abschmecken. Die fein gewürfelte Gänseleber in die Sauce rühren und mit den halbierten Küken servieren.

Dazu paßt wieder einmal mit Trüffelbutter verfeinertes Kartoffelpüree ganz ausgezeichnet (siehe Seite 48).

Es stand auf dem Tische eine Gans,
Ein stilles, gemütliches Wesen.
Sie hat vielleicht mich einst geliebt,
Als wir beide noch jung gewesen.
Sie blickte mich an so bedeutungsvoll,
So innig, so treu, so wehe!
Besaß eine schöne Seele gewiß,
Doch war das Fleisch sehr zähe.

Heinrich Heine,
Deutschland. Ein Wintermärchen

3. Ente, Gans, Truthahn

Bei weitem nicht so bekannt wie Hühnersuppe sind Enten- oder Gänsesuppen. Dabei braucht man für eine solch wundervolle Suppe nicht einmal einen ganzen Vogel. Hängt doch am Gerippe (Karkasse) einer Gans oder Ente immer noch genug Fleisch, um eine gehaltvolle Brühe davon bereiten zu können. Um so mehr mit den zerkleinerten Knochen. Wer bislang die Gerippe nach dem Essen einfach weggeworfen hat, könnte nun eine leckere Verwendung gefunden haben. Außerdem bekommt man beim Geflügelhändler in der Regel die Karkassen geschenkt. Und so wird sie gekocht, die …

Klare Enten- oder Gänsebrühe

das Gerippe von einer Ente oder Gans sowie Hals, Magen, Flügelspitzen, kurz: all das, was normalerweise nicht mitgekocht oder gegessen wird
die gleiche Menge Kalbsknochen
je 1 Handvoll Möhren-, Zwiebel- und Selleriewürfel
25 g kleingewürfeltes Dörrfleisch
Butterschmalz
1/2 l Rotwein
4 cl Cognac oder Weinbrand
4 Zweige Thymian
einige Petersilienstengel
1/2 TL getrockneter Kerbel
Salz, Pfeffer

Das kleingehackte Gerippe, das Klein und die Kalbsknochen zusammen mit den Gemüsen im heißen Butterschmalz rösten, bis alles gut gebräunt ist. Mit Cognac und Wein ablöschen und ca. 1 1/2 l Wasser angießen. Kräuter und Gewürze zufügen und im offenen Topf 1 1/2 Stunden köcheln lassen, dabei den aufsteigenden Schaum abschöpfen. Wird die Brühe am Vortag gekocht, kann man sie über Nacht kalt stellen und am nächsten Morgen das an der Oberfläche erstarrte Fett leicht abheben. Als Einlage wären feingewürfelte, gedünstete Gemüse denkbar, Nudeln auch, und zusätzlich machen sich Streifen von frischem Basilikum gut darin.

Gänse

Alljährlich, wenn die Tage grau und immer kürzer werden, wenn Nässe und Kälte Sehnsucht nach Heimeligkeit erwecken, dann verlangt das deutsche Gemüt nach Gänsebraten. Der ist so begehrt, daß der Preis einer Gans in der kurzen, aber heftigen Saison den der in der feinen Küche viel beliebteren Ente übersteigt.

Drei Erscheinungsformen des Gänsebratens sind zu unterscheiden. Zunächst die junge Gans des frühen Herbstes: das früher in Bayern von der Festtagstafel nicht wegzudenkende, heute leider aus der Mode gekommene »Kirchweihganserl«.

Die italienische und spanische Küche bieten dagegen für die zarte und kaum fette Junggans appetitanregende Rezepte. Mit älteren, fetteren Gänsen, wie sie bei uns beliebt sind, lassen sie sich aber auch zubereiten. Und ebenso mit Enten, freilich mit verkürzter Garzeit.

Oca Conservata, Gänseterrine aus Venetien

1 junge Gans
1/8 l Olivenöl
2 Knoblauchzehen
1 großer Zweig frischer Rosmarin
Salz, frisch gemahlener schwarzer Pfeffer
einige Lorbeerblätter

Die bratfertige Gans in einen passenden Topf legen, mit 3 EL Öl beträufeln, gehackten Knoblauch und Rosmarin darüberstreuen, salzen und pfeffern. Die Gans bei geschlossenem Deckel gut 3 Stunden schmoren, bis das Fleisch gar ist. Dann die Gans herausnehmen, abtropfen lassen (Bratfett aufheben) und in Portionsstücke schneiden, dabei Haut und Knochen entfernen. Nun den Boden einer länglichen Form aus Glas oder Steingut mit einer Schicht Gänsefett bedecken, darauf eine Schicht Fleisch legen sowie einige Lorbeerblätter und wiederum Gänseschmalz. Und so weiter, bis alles verbraucht ist, zuletzt muß das Fleisch völlig mit Gänseschmalz bedeckt sein. Die Form mit Folie gut verschließen und kühl stellen. Die Pastete ergibt in Scheiben geschnitten eine wunderbar deftige, winterliche Vesper.

Ein weiteres, undeutsches Gänsegericht kommt aus Katalonien und heißt

Oca amb Peras, Gans mit Birnen

1 junge, nicht zu fette Gans
6 feste Birnen
6 EL Öl
50 g Gänseschmalz
1 große geschälte Tomate
4 geschälte Knoblauchzehen
2 gehackte Zwiebeln
50 g Pinienkerne
50 g Rosinen
2 EL Zucker
Salz, Zimt
1 Lorbeerblatt
1 EL Weinessig

2 Bund glatte, gehackte Petersilie,
4 cl Anisschnaps (z. B. Pernod)

Von den Flügeln, dem Hals und den Innereien (ohne Leber) der Gans und einer Handvoll Suppengemüse eine Brühe kochen. Die Gans in 8 bis 10 Stücke teilen, mit Salz einreiben und in einem Topf, der so groß sein muß, daß die Stücke nebeneinander liegen können, anbraten. Danach drei Knoblauchzehen, eine gehackte Zwiebel und das Lorbeerblatt zugeben. Durchrühren, mit etwas Gänsebrühe aufgießen und zugedeckt weich schmoren. In einer Pfanne die zweite gehackte Zwiebel, die gehackte Tomate, eine gehackte Knoblauchzehe, Petersilie, Pinienkerne und Rosinen im heißen Gänseschmalz andünsten. Eine gute Prise Zimt zugeben und gut durchrühren. Sodann die geschälten und halbierten Birnen ohne Kerngehäuse hinzugeben sowie den Schnaps. Alles bei geringer Hitze etwa 20 Minuten garen. Die garen Gänsestücke in die Mitte einer ovalen, feuerfesten Form legen und den Bratensaft darüberseihen. Die weichen Birnen aus der Pfanne nehmen, um das Fleisch herumlegen und den Schmorsaft über die Birnen gießen. Die Form bei starker Oberhitze für 5 bis höchstens 10 Minuten in den Ofen schieben, damit die Gänsehaut knusprig wird. In der Zwischenzeit in einer kleinen Pfanne den Zucker mit einem guten Schuß Wasser und dem Essig hellbraun karamelisieren und die Birnen damit überziehen. In der Form auf den Tisch bringen, Weißbrot dazu essen und die Gläser mit kühlem Rosé füllen.

Zur Erkenntlichkeit
wollen wir Ihnen
an jedem Sankt Martinstage
neun fette Gänse
und ein Stückfaß voll
Schnaps schicken.
Christian Dietrich Grabbe

Nun aber zu Gänsegerichten, wie sie hierzulande beliebt sind: Martinsgans und Weihnachtsgans, das ist die Frage. Sie unterscheiden sich dadurch, daß letztere noch gewichtiger und zumeist auch fetter ist, weil die Tiere ja länger leben.

Von Sankt Martin und den Gänsen berichten Legenden. Etwa die, daß Gänse den Bischof von Tours bei der Predigt gestört hätten. Oder ihn durch Schnattern verrieten, als er sich in ihrem Stall versteckte, um gar nicht erst Bischof werden zu müssen. Umgekehrt habe St. Martin eine Gans davor bewahrt, vom Fuchs gemeuchelt zu werden. Genaues ist nicht bekannt; irgendwann taucht die Gans in Bauernkalendern als Symbol für den 11. November auf. Über den Ursprung der Weihnachtsgans sind wir jedoch besser im Bilde. Sie soll ihr Debüt in England gehabt haben: Elisabeth I. ließ sich, so wird berichtet, am Weihnachtstag des Jahres 1588 zur Feier des Sieges ihrer Flotte über die spanische Armada eine gebratene Gans servieren. Kaum zu glauben aus heutiger Sicht, so sehr hat die Gans bei den Briten an Bedeutung verloren. Es gab Zeiten, da wurden ganze Gänseherden von Norfolk auf die Londoner Märkte getrieben. Damit sie sich nicht wund liefen, ließ man die Gänse zunächst über flüssigen, also heißen Teer laufen und dann über Sand, zog ihnen also Schuhe an. Wie das den Gänsen gefiel, ist nicht überliefert. Gleichwohl: Heute ist Truthahn der einsame Favorit, wie in allen angelsächsischen Ländern auch.

In Deutschland hält man Gänsen unverdrossen die Treue. Schnäppchen wie tiefgefrorene Schnellmastgänse aber lassen Liebhaber besser beiseite und kümmern sich rechtzeitig um eine heimische Weidegans.

Gänsebraten

Die Gans hätte man also, und daß sie fett ist und schwer verdaulich, sollte klar sein. Das wußten auch bereits die älteren Köchinnen und Köche, weshalb sie Zubereitungen empfehlen, die im großen und ganzen noch heute beherzigenswert sind. Also den gesalzenen und gepfefferten Vogel mit Äpfeln füllen und auch den Beifuß nicht vergessen; beides dient der Geschmacksverbesserung und fördert die Verdaulichkeit. (In England nimmt man gedämpfte Zwiebeln, eingeweichtes Weißbrot und viel Salbei, was auch nicht schlecht ist.) Sodann dort die Haut anstechen, wo besonders viel Fett sitzt, die Gans mit der Brust nach unten in eine ausreichend große Bratform geben, heißes Wasser angießen, damit das Fett ausbraten kann, und in den Ofen damit (220° C). Das ausgebratene Fett immer mal wieder abschöpfen und nach gut 1 Stunde grob zerschnittene ungeschälte Äpfel und geviertelte Zwiebeln um die Gans herumlegen. Ab und zu begießen; mit zunehmender Bratzeit häufiger und auch mit kaltem Wasser, so bräunt die Haut schöner. Eventuell auch die Temperatur erhöhen. Die Gans ist gar, wenn sich die Haut an der Keule, oberhalb des Kniegelenks löst. Dann dürften, bei einer 5-Kilo-Gans, gut 2 1/2 Stunden vergangen sein. Und es duftet unglaublich gut, Snobs behaupten, das sei überhaupt das Beste am Gänsebraten.

Gefüllte Gänsebrust

Was aber tun, wenn man zu zweit ist, nur über einen Mini-Backofen verfügt, oder, warum auch immer, keine ganze Gans in den Ofen schieben will oder kann? Man kaufe trotzdem eine. Und verarbeite fürs erste nur die Brust, d. h. die beiden Brüste, die über die Haut noch miteinander verbunden sein müssen. So läßt sie sich ganz leicht füllen, mit gehackter Leber und Thymian-Äpfeln zum Beispiel. Dann zusammenklappen und -stecken (am besten nähen), so daß man ein handliches Fleischpaket erhält. Braten wie oben, was selbstredend viel weniger Zeit braucht und auch im kleinsten Backofen möglich ist.

Gänsebrust

Hier ein weiteres Rezept:

1 ganze Gänsebrust, ca. 1 kg schwer, mit Haut, die beide Teile zusammenhält
100 g entrindetes Weißbrot
1/8 l Sahne
20 g Butter
50 g Champignons
1 säuerlicher Apfel
2 Schalotten
1 Knoblauchzehe
Salz
2 cl Calvados oder Apfelbrand
150 g Kalbshackfleisch
1 Bund Petersilie
100 g Gänseleberterrine (oder rohe Entenleber, Puten- oder Kaninchenleber)
2 Eier
schwarzer Pfeffer
abgeriebene Schale einer halben Zitrone
1 Msp getrockneter Thymian, Muskatnuß
30 g Butter
1/2 Glas Weißwein

Gewürfeltes Weißbrot in der Sahne einweichen, geputzte, blättrig geschnittene Champignons in der Butter dünsten. Geschälten Apfel in dünnen Scheiben zugeben, ebenso feingewürfelte Schalotten und Knoblauch. Salzen und bei ständigem Umrühren leicht einkochen. Die Masse mit dem Calvados ablöschen, beiseite stellen und abkühlen lassen. Kalbshackfleisch und gehackte Petersilie zur abgekühlten Masse geben, das ausgedrückte Weißbrot, die Gänselebermousse (oder die feingewürfelte rohe Leber) und die Eier gleichermaßen. Gut durcharbeiten, mit Salz, Pfeffer, Zitronenschale, Thymian und Muskat abschmecken.

Die beiden Gänsebrüste mit der Masse bestreichen, zusammenklappen und gut verschließen, am besten mit Nadel und Faden. Mit Butterflocken bedeckt in einem passenden Geschirr in den auf 250° C vorgeheizten Backofen schieben. Insgesamt 50 bis 60 Minuten braten, währenddem den Wein angießen, das Fleisch immer wieder wenden, mit Saft und Fett bestreichen. Mit dem entfetteten Bratensaft servieren, am besten zu Feldsalat.

Die Keulen ißt man tags darauf oder versucht sich an Confit, siehe unten. Die kleingehackten Knochen sowie Hals, Flügelspitzen, Magen werden zur klaren Gänsesuppe, wie oben beschrieben.

Und nach Weihnachten, wenn Gänse und Gänseteile schlagartig viel billiger werden, wie wäre es dann mit eingemachter Gans (Confit d'Oie)? Mehr dazu weiter unten, nach den Entenrezepten, denn auch Ente läßt sich gut einmachen als Confit de Canard.

Was die Beilagen zum Gänsebraten anbelangt, so gilt: Weniger ist mehr. Also ein Gemüse. Sauerkraut zum Beispiel paßt vorzüglich (und aufgewärmt noch besser). Rotkohl geht selbstverständlich auch, aber er sollte eine gewisse elegante Säuerlichkeit aufweisen. Also Essig dran geben und Johannisbeergelee; warum nicht auch Ingwer? Und matschig sollte er auch nicht sein.

Viele glauben, auf Klöße, Maronen und obendrein noch Schupfnudeln nicht verzichten zu können. Das mag angehen nach einer anstrengenden Tageswanderung; für den Magen eines Büromenschen aber ist's eine Zumutung, und ein größerer kulinarischer Genuß ist damit keinesfalls verbunden. Sie sollten sich wiederum für eine Beilage entscheiden, und schön mehlige Salzkartoffeln wären nicht die schlechteste. Der Bratensaft der Gans läßt sich nämlich so gut wie vollständig entfetten (mit Schöpflöffel und Küchenpapier) und zu einer leckeren Sauce auftunen: mit Apfelgelee zum Beispiel; Sahne braucht es dafür nicht.

Wem Salzkartoffeln zu gewöhnlich sind, dem seien Rosenkohl-Kartoffelpuffer empfohlen: gekochten Rosenkohl hacken, unter die geriebenen Kartoffeln rühren und in einer beschichteten Pfanne dünne Küchlein davon backen.

Und ein Salat, Feldsalat zum Beispiel, gehört ohnehin zum Gänsebraten.

Vielleicht möchte ja auch jemand mit seiner Gans mal ein richtiges Kunststück vollbringen und sich an einer Ballotine versuchen, einer entbeinten und gefüllten Gans. Als Lohn der Mühe läßt sie sich dann leicht in Scheiben schneiden.

Gänseballotine mit Hagebutten

1 Gans
4 Knoblauchzehen
1 Bund Suppengrün
2 grobgewürfelte Zwiebeln
10 Hagebutten
1 EL Hagebuttenmark (Reformhaus)
6 EL Sherry
1 EL Sherryessig
1 TL Ingwerpulver
1/8 l Geflügelbrühe
Salz, Pfeffer
Füllung:
6 - 8 gewürfelte Scheiben Kastenweißbrot
1/8 l Milch
100 g kleingehackte Walnüsse
2 EL Butter
2 Eier
50 g getrocknete Herbsttrompeten
1 feingehackte Schalotte
30 g feingewürfeltes Dörrfleisch
1 EL Butter
1 Bund feingehackte Blattpetersilie
Salz, Muskat, schwarzer Pfeffer

Die Gans auf ein Brett legen, am Rückgrat entlang das Fleisch einschneiden, dann immer an den Rippenknochen entlang, mit dem Messer das Fleisch von den Knochen lösen. Die Flügel werden abgeschnitten, die Haut näht man zu. Bei den Keulen wird das ein wenig knifflig, aber mit einem kleinen, scharfen Messer und viel Geduld wird es gelingen, das Keulenfleisch mehr von den Schenkelknochen zu schaben als zu schneiden. Hat man schließlich die Gans völlig entbeint vor sich, kann sie gefüllt werden. Dafür zunächst das Brot in der heißen Milch einweichen; die Pilze baden 15 Minuten in warmem Wasser. Das Dörrfleisch in etwas Butter leicht anbraten, die gehackte Schalotte darin anschwitzen und abkühlen lassen. Sodann mit dem gut ausgedrückten Brot, den grobgehackten Pilzen und den übrigen Zutaten gut verrühren und abschmecken. Die aufgeklappte Gans pfeffern und die Füllung daraufsetzen. Nun kann die Gans wieder in Form gebracht und am Rücken zugenäht werden, auch die Haut wird kräftig gesalzen und gepfeffert.

Im auf 180° C vorgeheizten Ofen schmort man die gefüllte Gans mit dem gewürfelten Wurzelgemüse, dem Knoblauch, den grobgewürfelten Zwiebeln und der Brühe ungefähr 2 Stunden. Immer mal wieder etwas Flüssigkeit nachgießen. Gegen Ende der Garzeit die Hitze erhöhen, die Gans mit kaltem Salzwasser bepinseln, damit sie kroß wird. Herausnehmen, warm stellen und vom Sud das Fett abschöpfen. Diesen durch ein Sieb geben, Ingwer, Essig und Sherry zufügen. Sowie die halbierten, entkernten, in Streifen geschnittenen Hagebutten und das Hagebuttenmark. Aufkochen, kurz ziehen lassen und zum Fleisch servieren. Dazu schmeckt die gleiche Beikost wie zum Gänsebraten.

Enten

Mit der Zucht der Enten beeilten sich die Menschen nicht, waren sie doch wild jederzeit verfügbar. Es waren wohl wieder einmal die Chinesen, die damit begannen. Die Pekingente ist nicht nur die weltweit am meisten verbreitete Zuchtentenrasse, sondern so heißt auch ein Paradegericht der chinesischen Küche. Ein Rezept dafür findet sich jedoch in diesem Buch nicht, denn die Pekingente, soll sie ihren Namen verdienen, läßt sich zu Hause nicht zubereiten. Oder hat jemand Lust, die Ente stundenlang zu massieren, bis sich die Haut vom Fleisch löst, danach Luft dazwischen zu blasen, die Ente sodann zu beizen, zu trocknen und zu grillen? Womit die Pekingente noch längst nicht fertig wäre. Ißt man sie dagegen in einem guten chinesischen Restaurant, wird man Ehrfurcht vor der uralten Küchentradition des Reichs der Mitte bekommen.

Es gibt ja auch andere Entenrezepte, gut bürgerliche und solche aus feinen Küchen, ist doch dort Ente ungleich beliebter als Gans und animiert die Köche immer wieder zu schönen Gerichten.

Ein Klassiker, der ursprünglich aus der gehobenen Küche stammt (wo man aus unerfindlichen Gründen die Lust daran verloren hat), im gutbürgerlichen Haushalt aber noch gern zubereitet wird, heißt

Canard à l'Orange, Ente mit Orangen

1 Ente, ca. 2,5 kg schwer
4 Orangen, davon 1 mit unbehandelter Schale
3 säuerliche Äpfel
1 große Zwiebel
1 Bund Suppengrün
1 Lorbeerblatt
Saft von 1 Zitrone
2 cl Grand Marnier
2 EL Essig
1 EL Zucker
2 Gläser Rotwein
Salz, Pfeffer, frisches Basilikum

Aus dem Hals, den Flügelspitzen, dem Magen, alles kleingehackt, mit dem üblichen Gemüse (je 1/2 Karotte, Zwiebel, Lauchstange; einige Stückchen Sellerie) sowie dem Lorbeerblatt, 1 Glas Rotwein und dem notwendigen Wasser einen Fond kochen. Etwa 1 1/2 Stunden lang, durch ein Sieb abgießen, stehenlassen, entfetten und auf etwa 1/8 l einkochen. Den Backofen auf 220° C vorheizen.

Die gereinigte, von überflüssigem Fett befreite, innen gesalzene und gepfefferte Ente locker mit den Äpfeln füllen. Die Ente zustecken, auch außen salzen und pfeffern und mit der Brust nach unten in eine möglichst passende Reine setzen. Restliche Zwiebel, Karotte, Sellerie in nicht zu kleinen Stücken drum herumlegen und ein Glas Wasser dazugießen. Ab in den Backofen, nach 10 Minuten auf 200° C herunterschalten. Nun brät der Vogel seine gut 1 1/2 bis 2 Stunden, immer mal wieder mit dem Bratensatz bepinselt. Damit es um die Ente herum nicht zu trocken wird, gießt man nach und nach das zweite Glas Rotwein hinzu. Die Ente dreht man erst dann auf den Rücken, wenn dieser gut gebräunt ist. Auch die Brust sorgsam mit dem Bratensaft begießen.

Währenddessen von der unbehandelten Orange die Hälfte der Schale dünn, ohne das Weiße, abschälen (Sparschäler), in feine Streifen schneiden und 1 Minute (im Sieb) in kochendem Wasser blanchieren, beiseite stellen.

2 weitere Orangen auspressen, so daß man etwa 1/8 l Saft erhält.

Die letzte Orange mit einem scharfen Messer schälen, so, daß auch die weiße Schale entfernt wird. Nun mit dem Messer zwischen die aufgeschnittenen Häute fahren, um die Spalten herauszulösen. Die Spalten halbieren und mit den Orangenstreifen beiseite stellen. Den Zukker mit dem Essig in einem Topf hellblond karamelisieren, mit dem Orangensaft ablöschen und unter Rühren loskochen. Den entfetteten Entenfond dazugießen und kräftig einkochen lassen.

Die gare Ente auf eine vorgewärmte Platte legen und im abgeschalteten, spaltweit geöffneten Backofen 15 Minuten ruhen lassen. Den Bratensatz durch ein Sieb abgießen, einen Augenblick stehenlassen, das Fett abnehmen und mit der Orangensauce verrühren, auf- und einkochen. Die Zesten und die halbierten Orangenfilets einrühren und entscheiden, wieviel Zitronensaft, Grand Marnier, Salz und Pfeffer noch hineingehören. Zusätzlich machen sich frische Basilikumblättchen gut in der Sauce. Die tranchierte Ente mit der Sauce servieren. Die Äpfel anderweitig verwenden. Zum Beispiel zu gebratener Blutwurst.

Ein Entengericht des Herbstes heißt:

Entenbrust und -keule mit Serviettenknödel und Steinpilzen

Für 4 Personen:

eine Ente, ca. 1,5 kg schwer
6 altbackene Semmeln
1/4 l Milch
1 Bund Petersilie
1 Zwiebel
100 durchwachsene Speckwürfel
1 Ei
300 g frische Steinpilze
Knoblauch
Schalotte
Petersilie
100 g frische Sahne
Salz, Pfeffer

Brust und Keulen der Ente ablösen, salzen, pfeffern und in der Pfanne auf der Hautseite kurz anbraten. Auf ein Backblech setzen und bei 200° C im Backofen braten: Brust 15 Minuten, Keulen 30 Minuten. Warm stellen.

Unterdessen die Semmeln kleinschneiden und in der lauwarmen Milch einweichen. Speckwürfel auslassen, die gehackte Zwiebel zugeben und anschwitzen. Alles zur Semmelmasse geben; Ei und gehackte Petersilie untermischen, mit Salz und Muskatnuß abschmecken. Die Masse auf einem Küchentuch zu einer Rolle formen und die Enden zubinden. In einem Topf mit Salzwasser 25 Minuten ziehen, nicht aber kochen lassen. Abkühlen und im Kühlschrank kalt werden lassen. Zum Servieren die Rolle in 2 bis 3 cm dicke Scheiben schneiden und in Butter goldgelb braten.

Steinpilze mit einem Tuch abreiben und in kleine Stücke schneiden. Gehackte Schalotte, Knoblauch in Butter glasig anschwitzen, Pilze zugeben, salzen, pfeffern und mit der Sahne einmal aufwallen lassen.

Ein winterlicher Eintopf, der nicht nur schnell vorbereitet ist, sondern obendrein auch noch von allein gar wird. Und wunderbar duftet, wenn er auf den Tisch kommt:

Ente mit weißen Bohnen

500 g weiße Bohnen, über Nacht eingeweicht
1 Schinkenknochen oder ein Stück kräftig geräucherte Brustrippchen oder Dörrfleisch, gleichfalls mit kräftigem Rauchgeschmack
1 Gemüsezwiebel
2 - 4 Karotten, je nach Größe
1 Bund frischer Rosmarin
mindestens 2 Knoblauchzehen
1 Ente von ca. 2 kg Gewicht
1 Pfund festkochende Kartoffeln
1 Bund glatte Petersilie
1/4 l kräftiger, fruchtiger Rotwein
Salz, schwarzer Pfeffer

In einen großen, schweren Topf (mit Deckel), am besten aus Gußeisen, die Bohnen mit dem Knochen oder den Rippchen oder dem Dörrfleisch knapp mit Wasser und Rotwein bedeckt zum Kochen bringen. Auf kleiner Flamme weiterköcheln lassen.

Unterdessen die Zwiebel in Streifen schneiden, den Knoblauch hacken, die Karotten würfeln und all dies hinzugeben. Die Hälfte der Rosmarinzweige im Topf vergraben. Nach dem Aufkochen probieren, wieviel Salz das Fleisch wohl abgibt und danach die Portion bemessen. Viel passieren kann nicht, denn die Kartoffeln wirken ausgleichend. Sie werden geschält, längs geviertelt und auf die Bohnen gepackt. Salzen und pfeffern. Die gehackte Petersilie darüberstreuen.

Die Ente zerteilen. Den Backofen auf 150° C vorheizen. Die Ententeile werden, kräftig gesalzen und gepfeffert, auf die Kartoffeln gelegt, mit der Haut nach oben. Zuletzt den restlichen Rosmarin darüber verteilen und den zugedeckten Topf in den Ofen stellen, Temperatur nach 10 Minuten auf 100° C Grad reduzieren. Ab und zu probieren und eventuell nachsalzen. Nach etwa 2 Stunden sollte alles gar sein. Sollte allzuviel Fett an der Oberfläche schwimmen, kann man es vorsichtig abschöpfen. Bei einem rustikalen Essen kommt der Topf jetzt einfach auf den Tisch, und los geht's.

Die Ente läßt sich gefälliger präsentieren, indem man zunächst Bohnen und Gemüse in eine ofenfeste Servierform befördert (Rosmarin herausklauben, so gut es geht). Das Entenfleisch wird hübsch darauf angerichtet (Hautseite nach oben), die Form nochmals zurück in den Backofen geschoben, aber diesmal höher und unter die eingeschaltete Oberhitze oder (nur ganz kurz!) unter den Grill, so daß die Entenhaut kroß wird. Bitte nicht übertreiben; das Fleisch wird sonst trocken.

Wer alles richtig gemacht hat, das heißt vor allem: nicht zu zaghaft gewürzt hat, wird schwelgen in einem Duft von Rosmarin und Ente, unterstrichen von einem leichten Raucharoma, und aufs beste begleitet von Bohnen, Karotten und Kartoffeln. Ein recht kühler Beaujolais oder ein ebensolcher, körperreicher Weißherbst wäre der passende Wein dazu.

Von winterlicher Fülle zu einem leichten, aparten Sommergericht, so recht für einen lauen Abend auf der Terrasse:

Entenbrust mit Aprikosen

Für 4 Personen:

2 große Entenbrüste
1 gut daumengroßes Stück frischer Ingwer
Salz, Pfeffer
4 cl Aprikosenlikör
2 EL Balsamessig
1 Pfund feste Aprikosen
1 Becher Sahne
1 EL Zucker
1 EL Essig
100g Wildreis
Butter

Den Reis waschen und über Nacht mit Wasser bedeckt quellen lassen: Er braucht dann wesentlich weniger Zeit, um gar zu werden. Viele der Reiskörner sind infolge des Einweichens aufgeplatzt; keine Sorge, das ist erwünscht. Mit gut gesalzenem, frischem Wasser, das ihn etwa 2 cm hoch bedecken sollte, aufs Feuer und zugedeckt garen. Das dauert seine Zeit. Ab und zu umrühren und nachschauen, ob das Wasser reicht.

Zeit genug, sich den Entenbrüsten zuzuwenden. Zunächst die Haut ablösen, noch vorhandene Federkiele herausziehen und die Haut in Streifen schneiden, die ca. 2 x 1 cm groß sein sollten. Die Streifen in eine Pfanne geben und bei geringer Hitze das Fett ausbraten. Erst später die Hitze hochdrehen, damit die Grieben kroß werden. Zuletzt salzen, mit dem Schaumlöffel herausheben und im Backofen bei 50° C warm stellen. Das flüssige Fett bleibt in der Pfanne.

Unterdessen wurde alles Unansehnliche von den Entenbrüsten abgeschnitten, der Ingwer geschält, über den Brüsten ausgepreßt (Knoblauchpresse) und das Fleisch damit eingerieben. Die Aprikosen waschen, halbieren; große Früchte vierteln. In einer ausreichend großen Pfanne (damit das Obst gleichmäßig gart) den Zucker mit 1 EL Wasser zu heller Karamel schmelzen. Die Aprikosenschnitze hineinlegen und gar, aber nicht matschig weich werden lassen; mit frisch geriebenem schwarzen Pfeffer bestreuen, Likör und Essig hineinrühren. Beiseite stellen.

Die Pfanne mit dem ausgelassenen Entenfett wieder gut erhitzen und die Entenbrüste hineinlegen. Vorsicht, es kann spritzen wegen des Ingwersaftes. Auf jeder Seite 3 Minuten braten, gut salzen und pfeffern, in Alufolie einpacken und im 50° C heißen Backofen ziehen lassen.

Nun kann das Entenfett abgegossen werden. Sahne angießen und damit den Bratensatz unter Rühren loskochen, in die Pfanne mit den Aprikosen umfüllen, gut verrühren und auf kleiner Flamme ziehen lassen. Nun das Entenbrust-Päckchen aus dem Backofen holen und den Saft, der sich darin gebildet hat, ebenfalls in die Saucenpfanne gießen und abschmecken: Salz, Pfeffer; mehr Essig, noch etwas Likör oder Ingwer? Die Sauce sollte eine kräftige, süß-saure Note haben, denn auch der Entengeschmack ist ja prägnant.

Die Brüste quer in ca. 2 cm dicke Scheiben schneiden, auf vorgewärmte Teller legen und jeweils einige der krossen Grieben darüberstreuen. Drum herum die Aprikosensauce arrangieren und schließlich den Reis, der mit einem Stück Butter abgerundet wurde.

Diese Ente kommt als sommerliche Gäste-überraschung der besonderen Art daher:

Ente à la Walterspiel

1 junge, fleischige, frei gelaufene Ente, etwa 2 kg schwer
4 kleine Cavaillon-Melonen (oder 2 mittel-große Honigmelonen), die nicht zu reif sein dürfen
1 Glas weißen Portwein
1 Flasche trockenen Weißwein
1 Knoblauchzehe
2 Schalotten
je 1 kleines Glas Rotwein und Entenfond (aus Hals und Flügelspitzen gekocht)
1 Entenleber
2 Hühnerlebern
2 EL Tomatenmark
0,2 cl Cognac
2 Zweige frischer Thymian
Cayennenpfeffer, Olivenöl
Saft von 1/2 Zitrone
Salz
Pfeffer

Von den Melonen an der Stielseite einen Deckel schräg herausschneiden, so daß er nachher wieder genau in die Öffnung paßt. Das wäßrige Innere und die Kerne entfernen; die Früchte umgekehrt austropfen lassen. Den Portwein hineingeben und verschließen. In einen passenden Topf setzen, mit dem Weißwein umgießen und im Ofen nicht zu weich dünsten. Dabei aufpassen, daß die Melonen ihre Form behalten.

Die küchenfertige Ente im Ofen bei 220° C zügig braten, währenddessen immer wieder wenden; salzen und pfeffern.

Unterdessen die Sauce zubereiten. Feingehackten Knoblauch und Schalotten in wenig Olivenöl anschwitzen, mit Rotwein und Entenfond aufgießen und einkochen lassen. Im restlichen Öl die geputzten Lebern rasch rösten, so daß sie innen noch rosa sind, mit Cayenne und Thymian würzen, mit dem Cognac ablöschen, durch ein feines Sieb drücken und Tomatenmark und Zitronensaft hinzufügen. Mit dem Saucenansatz auffüllen, gut durchrühren und warm stellen.

Alles Fleisch der fertig gebratenen Ente von der Karkasse schneiden, ins Innere der Melonen schichten und immer wieder etwas von der Sauce zugeben. Deckel aufsetzen und im Ofen nochmals für kurze Zeit dünsten.

Die Melonen im Ganzen servieren und die Entenstücke zusammen mit dem abgeschälten, von Sauce und Portwein parfümierten Melonenfleisch vorlegen.

Mehr Gelegenheiten für duftenden Entenbraten bieten indes die langen Wintermonate. Hier eine Zubereitung, die man immer wieder essen möchte:

Ente mit Portwein-Sauce

1 frische Ente von ca. 2,5 kg Gewicht
500 g Dörrpflaumen
100 g Mandelsplitter
je 1 Karotte und Zwiebel
1 eigroßes Stück Sellerie
1 EL Butterschmalz
1/8 l Wasser
4 frische Salbeiblätter
0,1 l roter Portwein
0,2 l Sahne
Salz, Pfeffer, Paprika

Die Ente waschen, abtrocknen und innen und außen mit Salz, Pfeffer und Paprika würzen. Die entkernten, grob zerkleinerten Pflaumen mit den Mandelsplittern in die Ente füllen und zustecken. Die Ente im heißen Butterschmalz von allen Seiten anbraten, das kleingewürfelte Gemüse kurz mitrösten, und die Ente samt Gemüse mit der Brust nach unten in einen Bräter geben. Den Salbei zufügen und die Ente im Backofen bei 200° C bis 220° C ca. 2 Stunden braten. Dabei nach und nach das Wasser angießen. Die Ente häufiger mit dem Bratenfond bestreichen und erst gegen Ende der Garzeit wenden. Die gare Ente warm stellen, den Bratenfond mit dem Gemüse in einen Topf abgießen, entfetten und mit dem Schnetzelstab pürieren (oder durch ein Sieb drücken). Aufkochen, Portwein und Sahne zugeben und abschmecken.

Gänse gibt es auch nach Weihnachten noch, es fehlen dann jedoch (im Gegensatz zu Enten) die Liebhaber dafür: Im neuen Jahr möchte kaum noch jemand Gänse essen. Also werden sie billiger. Für das folgende Rezept, eingemachte Gans, sind sehr fette Vögel übrigens am besten geeignet. Aber keine Angst, man ißt es nicht mit, es dient dazu, das Gänsefleisch zu konservieren, damit man noch lange was davon hat. Lassen sich doch nahezu alle Eintöpfe damit veredeln, viele Gemüse- und Kartoffelgerichte erst recht. Um so merkwürdiger ist es, daß es in der deutschen Küche nie Fuß gefaßt hat, das

Confit d'Oie, die Eingemachte Gans

(die ebensogut auch eine Ente sein kann):

1 küchenfertige Gans, die ruhig fett sein kann
250 g Meersalz
25 g Zucker
2 Gewürznelken
1 Lorbeerblatt
2 Knoblauchzehen
3 Zweige Thymian
Gänseschmalz (aus dem Fett der Gans)
ca. 1 kg Schweineschmalz

Die Gans in 4 Teile zerlegen: je 2 Flügel mit Brust und die Keulen, das Fleisch bleibt an den Knochen. Dabei das Fett aus dem Inneren nehmen und aufheben. Das Salz mit den Gewürzen fein zerreiben oder in der Moulinette pulverisieren, die Gänseviertel damit fest einreiben, in eine irdene Schüssel packen und das restliche Gewürzsalz darüberstreuen. Mit einem Tuch zudecken und an einem kühlen Ort 24 Stunden pökeln. Zwischendurch einmal wenden. Danach das anhaftende Salz gut entfernen und die Viertel gut abwischen. In einem Topf das kleingehackte Gänsefett auslassen, das Schweineschmalz und die ganzen Knoblauchzehen zufügen und in die nicht zu heiße Mischung die Gänseviertel geben. Diese werden in dem Fett langsam gekocht, auf keinen Fall aber fritiert. Nach gut 2 Stunden, wenn das anfangs trübe Fett klar geworden und das Gänsefleisch sehr

weich ist, herausnehmen und die Knochen entfernen. In einen glasierten Steinguttopf durch ein Sieb eine Schicht Schmalz gießen und fest werden lassen. Die Gänseviertel so darauf legen, daß sie die Wände des Topfes nicht berühren, mit dem restlichen Schmalz vollkommen bedecken und kühl stellen. An den beiden folgenden Tagen die durch das Abkühlen im Schmalz entstandenen Risse mit weiterem Schmalz ausfüllen. Wenn alles dicht und völlig abgekühlt ist, mit einem passenden Stück Alufolie bedecken, den Topf verschließen und an einem dunklen, kühlen Ort aufbewahren. So hält sich die eingemachte Gans monatelang, ja entfaltet ihren Geschmack so richtig erst nach einem halben Jahr. Freilich muß der Topf nach jeder Entnahme von Fleisch mit heißem Schmalz wieder sorgfältig verschlossen werden. Das eingemachte Gänsefleisch eignet sich, wie das von Enten, für vielerlei. Es reichert Gemüse- und Kartoffelgerichte lecker an und nicht zuletzt Suppen (weiße Bohnen!). Eine kalte Vesper der nicht alltäglichen Art gibt es, sorgfältig vom Fett befreit, außerdem her.

Die deutsche Gans, lieb Mütterlein,
Ist gut, jedoch die Franzosen,
Sie stopfen die Gänse besser als wir,
Auch haben sie bessere Saucen.
Heinrich Heine

Puten

Wenn auch die Urheimat der Truthähne in Mexiko liegt, von wo aus sie sich allmählich nach Norden ausbreiteten, so sind sie doch dermaßen mit der nordamerikanischen Lebensart verbunden, daß schon ernsthaft vorgeschlagen wurde, den Truthahn gegen den Adler im Landeswappen der USA auszutauschen. Er ist ja auch von keinem amerikanischen Thanksgiving-Dinner weg zu denken, der »Indian«. Er hat auch in Europa viele Freunde, in England zumal. Da er viel weniger fett ist als eine Gans, ist beim Braten besondere Sorgfalt vonnöten, wird doch auch die Brust viel schneller gar als die Keulen. Das Fleisch der großen Vögel wird auch in allerlei Teilen angeboten: Brust, Keulen, als Schnitzel oder Rollbraten. Damit läßt sich dann leicht umgehen.

Putenbrust mit Chutney von Zwergorangen

800 g Putenbrust
1 feingehackte Schalotte
1 durch die Presse gedrückte Knoblauchzehe
1/4 l Geflügelbrühe, 1/8 l Sahne
1 TL Stärke, Olivenöl, Pfeffer, Salz
Chutney:
5 Zwergorangen (Kumquats)
1 EL Honig, 1 EL Essig
1 TL gemahlener Koriander
1 TL Sesam
1/2 TL geschroteter schwarzer Pfeffer

Die Truthahnbrust pfeffern und salzen. Im heißen Öl von allen Seiten in einem Schmortopf vorsichtig anbraten, gehackte Schalotte und Knoblauch zufügen, kurz anschwitzen, mit der Brühe ablöschen und gut 25 Minuten im Ofen bei 180° C schmoren. In der Zwischenzeit in einem Topf den Honig zergehen lassen, die in dünne Scheiben geschnittenen Kumquats, Gewürze und Essig dazugeben. So lange köcheln, bis es dickflüssig wird. Das Fleisch aus dem Ofen nehmen und zugedeckt warm stellen. Den Sud um die Hälfte einkochen lassen, Sahne angießen, das Stärkemehl mit etwas Wasser anrühren und die Sauce damit binden. Mit Pfeffer und Salz abschmecken.

Dazu schmeckt *Pilaw-Reis*:

2 Tassen Langkornreis
Saft von 1/2 Zitrone
1 feingehackte Schalotte
1 EL Olivenöl
3 Tassen Brühe

Den Reis gut waschen, abtropfen lassen, mit dem Zitronensaft verrühren und 1 Stunde stehenlassen. Die Schalotte in der Butter andünsten, den Reis hinzugeben und mit der Brühe auffüllen. Bei geschlossenem Deckel 20 Minuten auf kleinstem Feuer köcheln lassen, bis der Reis die Flüssigkeit aufgesogen hat und körniggar geworden ist.

Mir flogen gebratne Tauben ins Maul,
Und Englein kamen, und aus den Taschen
Sie zogen hervor Champagnerflaschen.
Heinrich Heine

4. Perlhuhn, Taube, Wachtel, Strauß

Perlhuhn

Perlhühner mit ihrem prächtigen Gefieder stammen aus Westafrika und gelangten in der Antike über Ägypten nach Griechenland und Rom (wo sie numidische Hühner hießen) – um mit dem Untergang des römischen Reiches aus den europäischen Küchen zu verschwinden. Bis portugiesische Kaufleute sie im 16. Jahrhundert wieder nach Europa brachten, nach Frankreich zunächst. Später tauchten Perlhühner in Deutschland auf und machten sich durch ihr »langanhaltendes, mißtönendes Geschrey«, wie es in einem alten Buch heißt, nicht gerade beliebt. Mit ihrem Fleisch von leichtem, aber doch delikaten Wildgeschmack.

Die Küchenerfahrung zeigt, daß, kleinere Perlhühner von ca. 800 g den größeren vorzuziehen sind.

Zunächst ein Rezept aus römischer Zeit, das sich auch heute noch gut nachkochen läßt:

Perlhuhn auf numidische Art

1 Perlhuhn
50 g gehackte Pinienkerne
10 entkernte und kleingeschnittene frische Datteln
Pfeffer
3 Zweige frischer Oregano (oder 1/2 TL getrockneter)
2 EL Essig
1 TL Honig
1 Glas Medium-Sherry
Olivenöl zum Braten

Das Perlhuhn vorbereiten und in einem passenden Topf, der am besten aus Gußeisen besteht, bei 200° C im Backofen braten. Zunächst auf den Seiten liegend, unter fleißigem Bestreichen mit dem heißen Öl, zwischendurch nicht zu zaghaft salzen und pfeffern. Erst gegen Ende der Bratzeit das Huhn auf den Rücken drehen, damit die Brust bräunt. Höchstens 45 Minuten dürfte das dauern , bei einem größeren, ca. 1200 g schweren Perlhuhn reicht 1 Stunde. Im Zweifelsfall die Garprobe machen: Mit einem spitzen Messer die Haut dort einstechen, wo der Schenkel in die Brust übergeht. Ist der herauslaufende Saft rötlich, braucht's noch ein wenig Zeit; ist er aber hell und klar, so ist das Huhn gar.

Genug Zeit jedenfalls, um die Sauce zuzubereiten. Die zerschnittenen Datteln mit den gehackten Pinienkernen in wenig Olivenöl kurz anrösten. Alle übrigen Zutaten zugeben, aufkochen und auf kleiner Flamme ca. 10 Minuten köcheln lassen. Süß-sauer abschmecken und dabei eventuell die Essigmenge erhöhen. Das Perlhuhn zerteilen und mit der Sauce übergießen.

Das Originalrezept verlangt übrigens *garum*, die berüchtigte römische Sauce, die ihren »prägnanten« Geschmack von nicht mehr ganz frischen Fischen bezog. Wer es besonders originalgetreu mag, kann sich auf folgende Weise einen Ersatz schaffen:

2 TL Sardellenpaste
1 l Traubensaft (eingekocht auf 1 dl)
Oregano zum Würzen

Diese Sauce verwenden Sie anstelle von Sardellen, Honig, Sherry und Essig.

Entschieden mitteleuropäisch kommt dagegen daher:

Perlhuhn auf Linsen

2 kleine Perlhühner
Salz, Pfeffer
30 g Butter
50 g Räucherspeck
1 Schalotte
200 g kleine Linsen
1/2 l Brühe (oder Wasser)
Gewürzbündelchen aus Petersilienstengeln, Thymianzweigen und 1 Lorbeerblatt
Schale von 1/2 ungespritzten Orange
1 TL Senf
1 Schuß dicke Sahne oder 2 EL Crème double

Die Perlhühner vorbereiten, salzen, pfeffern und gut mit weicher Butter bestreichen. In einem passenden Geschirr bei 250° C im Backofen ca. 45 Minuten braten. Danach in der geöffneten, abgeschalteten Röhre noch kurze Zeit nachziehen lassen. Während des Bratens immer wieder mit der Butter bepinseln.

Für das Linsengemüse den Speck würfeln, in einem Topf auslassen und in dem Fett die gewürfelte Schalotte andünsten. Die gewaschenen Linsen dazugeben und mit Wasser oder Brühe gut bedecken. Das Gewürzsträußchen kommt auch hinein. Leise kochen lassen. Die kleinen Le-Puy-Linsen, die man nicht einzuweichen braucht, sind nach etwa 25 Minuten gar, wenn es sich um frische Linsen handelt. Also probieren. Schließlich sollte die Flüssigkeit fast verkocht und die Linsen gar, aber nicht zu weich sein.

Salzen, pfeffern, die feingehackte Orangenschale, den Senf und die Sahne hineinrühren. Mit den geviertelten Perlhühnern servieren.

An das Numidische erinnert

Perlhuhn mit getrockneten Aprikosen

die in Süßwein eingeweicht werden.

1 Perlhuhn
500 g getrocknete Aprikosen
Moscato-Wein zum Einweichen
2 TL Szechuan-Pfeffer
reichlich Butter
Salz, schwarzer Pfeffer
1 Handvoll kleine Schalotten

Einer kostbaren Beerenauslese bedarf es dafür nicht, ordentlicher Moscato reicht allemal. Also etwa 1 Pfund getrocknete Aprikosen einweichen und 2 TL zerdrückten Szechuan-Pfeffer dazugeben. Der weist fast keine Schärfe auf, sorgt aber für Aroma.

Das Perlhuhn mit den abgetropften Früchten locker füllen, es sollten aber noch welche übrigbleiben. Das Huhn wird nun im Backofen mit sehr viel Butter rund 45 Minuten gebraten und dabei gesalzen. Die übriggebliebenen Aprikosen sowie eine Handvoll ganze, geschälte, kleine Schalotten legt man drum herum. Das Huhn immer mal wieder drehen, begießen, Garprobe: siehe oben.

Das Huhn herausnehmen und warm stellen. Die Sauce mit ihren festen Bestandteilen in einen Topf gießen und zusammen mit dem Einweich-Wein auf großer Flamme kräftig einkochen. Salzen und großzügig mit schwarzem Pfeffer würzen; dazu schmeckt Weißbrot. (Dieses schöne Rezept ist dem Buch »Tischlein deck' dich!« von Wolfram Siebeck nachempfunden, das im Eichborn Verlag erschienen ist.)

Tauben

Da fast immer das, was den Tieren selbst gut schmeckt, auch die passendste Beilage zu ihrem Fleisch bildet, ist gebratene Taube mit frischem Mais eine leckere und obendrein vollwertige Kombination. Rotweinfreunde lieben aber auch ganze, weichgeschmorte Knoblauchzehen zu Tauben.

Gebratene Tauben mit Knoblauch

Pro Person:
1 junge Brattaube
schwarzer Pfeffer
Wacholderbeeren
Salz
6 Knoblauchzehen
Butter
Olivenöl
Weißbrot

Den Ofen auf 250° C vorheizen. Die Tauben mit dem frisch geschrotenen Pfeffer, den zerstoßenen Wacholderbeeren und dem Salz von innen und außen einreiben.

Butter und Olivenöl in einem schweren Topf erhitzen und die Tauben darin von allen Seiten anbraten. Jeden Vogel auf die Seite drehen. Nun die ungeschälten Knoblauchzehen in den Topf geben, leicht salzen und den Topf in den heißen Backofen schieben. Nach 10 Minuten die Tauben auf die andere Seite drehen, auch die Knoblauchzehen wenden. Den Topf in den Ofen zurückschieben; nach weiteren 10 Minuten die Tauben auf den Rücken drehen, damit die Brüste bräunen. Nicht zu lange im Ofen lassen, so daß die Tauben gar, die Brüste aber innen noch rosig sind.

Ebenfalls ist der Knoblauch gar, und das Innere der Zehen läßt sich leicht aus der Schale drücken. Es schmeckt, etwa auf frisches Weißbrot gestrichen, vorzüglich zu dem aromatischen Fleisch der Tauben, das an Wildgeflügel erinnert. Dazu ein Rotwein vom besten.

Füllen kann man Tauben selbstverständlich auch:

Gefüllte Tauben in Rahmsauce

4 junge Tauben mit Herzen und Lebern
4 dünne Scheiben Dörrfleisch
1 Eigelb
ca. 3 EL Semmelbrösel
200 g Champignons
2 EL gehackte glatte Petersilie
100 g Butter
1/4 l Weißwein
1 Becher Crème fraîche
Salz, Pfeffer, Muskat

Die vorbereiteten Tauben innen und außen salzen. Die geputzten (und möglichst nicht gewaschenen) Pilze in Scheiben schneiden und in einem Eßlöffel Butter kurz braten, dabei salzen, pfeffern und danach abkühlen lassen. Sodann die gehackten Innereien, Semmelbrösel, Petersilie und das Ei zugeben, salzen, pfeffern und Muskat darüberreiben, gut vermischen, abschmecken, damit die Tauben füllen und zustek-ken (Zahnstocher). Jede Taubenbrust mit einer Scheibe Dörrfleisch einhüllen und fest binden. Die restliche Butter in einem Schmortopf erhitzen, die Tauben mit der Brust nach unten einlegen und kräftig anbraten. Wenden, auf den Seiten anbraten und mit dem Weißwein ablöschen. Im Ofen bei 220° C etwa 35 Minuten braten, dabei öfter mit dem Bratensatz begießen. Kurz vor dem Ende der Bratzeit das Dörrfleisch abnehmen, die Tauben auf den Rücken drehen, damit auch die Brust bräunt. Die garen Tauben herausnehmen und warm stellen. Den Bratensatz aufkochen, mit der Crème fraîche aufgießen, aufkochen, abschmecken und zu den Tauben servieren.

Eine ***Rösti*** paßt gut dazu:

8 mittelgroße Kartoffeln schälen, raspeln und gut ausdrücken. In einer beschichteten Pfanne Butterschmalz erhitzen, die Kartoffeln locker darin verteilen und bei mittlerer Hitze garen. Nach etwa 8 Minuten mit Hilfe des Pfannendeckels wenden, und bevor man nun die blasse Seite bräunt, neues Butterschmalz in die Pfanne geben. Nochmals etwa 3, 4 Minuten garen und dann erst salzen.

In alten Kochbüchern wird stets auf die besondere Eignung des Taubenfleischs als Krankenkost hingewiesen. Dafür wurden zumeist ältere Tauben lange geschmort, um sodann bläßlich und kaum gewürzt mit Reis serviert zu werden. Gesund und kräftigend mag das ja sein, aber wohl kaum appetitlich und schon gar nicht lecker. Ältere Tauben aber kann man auch heute noch kaufen, sie heißen dann Suppentauben, und eben für diesen Zweck eignen sie sich prächtig:

Taubenconsommé

3 Suppentauben
Olivenöl
1 Zwiebel
2 Knoblauchzehen
1 Bund Suppengrün
1 Lorbeerblatt
3 Zweiglein Thymian
1 Handvoll Champignons
1 Tomate
1/2 l Weißwein

Zum Klären:
1 Zwiebel
1 Karotte
1 eigroßes Stück Sellerie
2 Tomaten
4 Eiweiß

Die Taubenbrüste abnehmen und beiseite stellen. Die Taubengerippe mit den Keulen in kleine Stücke hacken, mit dem zerkleinerten Gemüse und den Gewürzen im heißen Öl gut anrösten, mit Wein und Wasser aufgießen und 1 1/2 Stunden leise köcheln lassen. Durchsieben, kalt stellen und am nächsten Tag das Fett abnehmen.
Um die Brühe zu klären, werden 4 der Taubenbrüste mit Gemüsen so fein wie möglich gehackt und gut mit dem Eiweiß verquirlt. Diese Masse in die kalte Brühe geben und diese langsam zum Kochen bringen, dabei ab und zu umrühren. Bei kleiner Hitze 1 Stunde kochen lassen, dabei nicht mehr rühren. Das Eiweiß mit den Gemüsen setzt sich an der Oberfläche ab, und die Brühe wird kristallklar. Mit dem Schaumlöffel abheben und die Brühe durch ein

feines Leinentuch gießen. Erst jetzt wird die Bouillon, die sich in eine edle Consommé verwandelt hat, gesalzen und mit einem Schuß Sherry verfeinert. Die beiden weiteren Brüste würzt man, brät sie rasch in heißem Öl, würfelt sie oder schneidet sie in feine Streifen und serviert sie in der heißen, delikaten Consommé. Auch machen sich Steinpilze gut darin.

Auf die gleiche Weise läßt sich auch aus jedem Haus- oder Wildgeflügel eine festliche »doppelte Kraftbrühe« zubereiten.

Wachtel

Die kleinen Vögel – die, die es zu kaufen gibt, sind allesamt gezüchtet – geben kulinarisch einiges her; in sehr feinen Häusern kommen sie gar entbeint und mit Stopfleberparfait gefüllt auf den Tisch. Das kann eine sehr nette Sache sein; weniger aufwendig, aber auch sehr lecker schmecken Wachteln mit Portwein und Gemüsen. Man kann sie, etwa beim Picknick oder auch als Reiseproviant, prima mit den Fingern essen. Pro Wachtel zahlt man ungefähr 4 DM; für 4 Personen reichen in einem Menü 6 der Vögel allemal aus.

Wachteln und Kartoffelpüree mit Frühlingszwiebeln

Für 4 Personen:

6 Wachteln
Butterschmalz
1 Handvoll Suppengemüse
je 1 EL in sehr kleine Würfelchen geschnittene (Brunoise) Karotte
4 cl roter Portwein
Salz, Pfeffer
Rotwein

Um sich das Essen leichtzumachen, müssen die Wachteln nicht vollständig entbeint werden, es genügt, wenn man sie so zerlegt, daß pro Wachtel 2 Brüste und 2 Schenkel übrigbleiben. Das geht mit jeder ordentlichen Küchenschere ganz einfach, und zwar so: Den Vogel auf die Brust legen und das Rückgrat herausschneiden. Nun die aufgeklappte Wachtel längs des Brustbeins teilen und sie so auseinanderschneiden, daß man je eine Brust uns ein Bein vor sich liegen hat. Die Flügelspitzen werden abgeschnitten, der obere Teil des Flügels aber bleibt dran, so daß sich das Bruststück daran anfassen läßt. Denn Wachteln darf man mit den Fingern essen, es läßt sich mit Anstand bewerkstelligen. Alles Kleinfleisch drum herum, den Hals und eventuell vorhandenes Fett, schneidet man ebenfalls ab, »parieren« nennen das Köche.

Perfektionisten lösen aus den Beinchen auch noch den sogenannten Schlußknochen, den Oberschenkel, heraus, was gleichfalls kein Problem ist und das Essen nochmals erleichtert. Zum Anfassen bleibt dann immer noch der Schenkelknochen.

Jetzt hat man also pro Wachtel 4 Teile vor sich liegen. Die werden mit ein wenig Portwein beträufelt, mit schwarzem Pfeffer bestreut und zugedeckt beiseite gestellt.

Aus den Abfällen (Parüren) bereitet man zusammen mit etwas Suppengemüse (Karotte, Zwiebel, Lauch), nachdem man alles gut angeröstet hat, mit Rotwein einen kurzen Fond, indem man alles etwa 1 Stunde vor sich hin köcheln läßt. Abseihen, entfetten und einkochen, denn viel Sauce wird nicht gebraucht; 1/8 l genügt.

Inzwischen war Zeit, das **Püree** vorzubereiten. Dafür werden gebraucht:

500 g mehligkochende Kartoffeln
0,1 l Milch
50 g Butter
Salz
das in feine Ringe geschnittene Grün von 1 Bund Frühlingszwiebeln

Die Kartoffeln schälen, waschen und in Salzwasser garen. Abgießen, abdampfen lassen und entweder durch die Kartoffelpresse drükken oder mit dem Stampfer zerdrücken. Dabei nicht rühren! Nun die heiße Milch unterziehen und nach und nach die kalte Butter. Salzen. Zum Schluß das Grün der Frühlingszwiebeln unterheben.
Die gut abgetrockneten Wachtelteile werden nun rasch in heißem Butterschmalz gebraten

und dabei gesalzen und gepfeffert. Von jeder Seite etwa 3 Minuten (das dürfte genügen), damit sie gar, aber innen noch leicht rosa, also saftig sind. Warm stellen. Das Fett aus der Pfanne bis auf einen dünnen Film abgießen und darin die Gemüsebrunoise unter ständigem Rühren kurz anrösten, so daß die Stückchen noch ein wenig Biß behalten. Mit Portwein und Wachtelfond ablöschen, etwas einkochen lassen und abschmecken.

Die Wachtelteile auf dem Kartoffelpüree anrichten, ein wenig von der Sauce mit den Gemüsestückchen darüberträufeln und servieren.

Etwas mehr Arbeit macht

Wachtelkotelett auf Balsamico-Linsen

200 g grüne Linsen
20 g Sonnenblumenöl
30 g gewürfelte Schalotten
1 feingehackte Knoblauchzehe
40 g gewürfelter Speck
250 ml Balsamessig
125 ml Geflügelfond
50 g rote Linsen
1 TL frischer, feingehackter Thymian

2 küchenfertige Wachteln
150 g Geflügelfarce (aus roher, feinpürierter Hühnerbrust, gewürzt mit Salz, Pfeffer und einer Prise Cayenne)
50 g Schweinenetz (beim Metzger vorbestellen!)
2 EL Olivenöl
Salz, Pfeffer
je 2 Thymian- und Rosmarinzweige
1/2 Knoblauchzehe.

Die grünen Linsen über Nacht in kaltem Wasser einweichen, darin 30 Minuten kochen und in einem Sieb abtropfen lassen. Öl in einem Topf erhitzen, darin Schalotten, Knoblauch und Speckwürfel kurz anbraten. Die Linsen hinzufügen, mit dem Essig ablöschen und auf die Hälfte einkochen. Mit dem Geflügelfond auffüllen und ca. 10 Minuten köcheln lassen, bis die Flüssigkeit fast verkocht ist.

Die roten Linsen separat in heißem Wasser quellen lassen. Wenn sie gar sind, abgießen, abspülen und unter die grünen Linsen mischen.

Die Balsamico-Linsen salzen, den Thymian zugeben und zugedeckt warm stellen.

Die Brüste und Keulen der Wachteln ablösen, Brüste häuten. Die Schlußknochen der Keulen auslösen und die vorderen Knochen putzen. Backofen auf 160° C vorheizen. Das Schweinenetz ausbreiten und in 4 Rechtecke zurechtschneiden. In die Mitte eines jeden nun je eine Brust setzen und je eine Keule so ansetzen, daß ein »Kotelett« entsteht, salzen und pfeffern. Die Farce gleichmäßig darauf verteilen. Die Koteletts mit dem Schweinenetz umhüllen (es löst sich während des Garens auf). In einer Pfanne im heißen Olivenöl anbraten, würzen, Kräuter und Knoblauch zufügen. Im 160° C heißen Backofen 10 Minuten braten.

Linsen auf den Tellern verteilen und die Koteletts darauf anrichten.

Strauß

Das Fleisch der größten aller Vögel, die zwar nicht fliegen, aber sehr schnell rennen können (bis zu 60 km/h) kann man leicht mit Rindfleisch verwechseln. Es ist jedoch dunkler, gröber in der Faser und liegt im Geschmack zwischen Rind und Pute. Den Handel beliefern Straußenfarmen – zumeist in Südafrika, Kenia und Australien, zunehmend in Europa und auch in Deutschland – mit Oberkeule und Brust von jungen Straußen, die im Alter von gut einem Jahr geschlachtet werden. Gebraten wird Straußenfleisch wie ein Rindersteak, bloß braucht es weniger Zeit in der Pfanne oder auf dem Grill. Kenner marinieren es vorher. Auch wird es, wie Rindfleisch, gut abgehangen besonders zart und entfaltet mit einem rosa Kern sein volles Aroma. Das Fleisch stets auf vorgewärmten Tellern servieren.

Straußensteak

4 Straußensteaks
Marinade:
3 EL Öl
1 EL Tomatenketchup
1 EL Senf
3 EL Sahne
1 EL feingehackte Petersilie
1 EL gehackte Zwiebeln
1 Msp Cayennepfeffer
1/2 TL Salz
1/2 TL milder Paprika
1/4 TL Curry
1/2 TL Sojasauce

Die genannten Zutaten für die Marinade mischen und die Steaks 2 bis 4 Stunden darin einlegen. Die fertig marinierten Steaks können wie Rindersteaks auf dem Grill oder in der Pfanne zubereitet werden.
Gemischter Salat und Knoblauchbrot schmekken gut dazu.

Den Fasan probier ich,
ob er gut gebraten.
Chistian Dietrich Grabbe

5. Wildgeflügel

Fasan

Wenn von dem bunten Vogel, der einst aus dem Kaukasus zu uns kam, kulinarisch die Rede ist, können viele von schlechten Erfahrungen mit Fasan berichten: Zäh, trocken oder beides sei er gewesen. Wenn man indes auf einige Punkte achtet, bleiben einem solche Erfahrungen erspart.

Ein Fasan, der gebraten werden soll, muß jung sein, was man daran erkennt, daß seine Sporne (an jeder Ferse) kurz und stumpf sind. Sind sie dagegen lang und spitz, hat der Vogel schon mehr als ein Jahr ins Land gehen sehen; für Farcen ist sein Fleisch noch zu gebrauchen, und er wird eine gute Brühe abgeben. Brät man ihn aber am Stück (die kurzgebratene Brust läßt sich zumeist essen), wird er unweigerlich zäh und trocken werden. Man kaufe also Fasane beim Händler seines Vertrauens oder nur einen solchen Vogel, dessen noch vorhandene Füße

(Ständer) verläßlichen Aufschluß über sein Alter geben.

Der Fasan muß aber auch »wild« sein. Da aber die meisten der bunten Vögel in Volieren aufwachsen und mehr oder weniger kurz vor Beginn der Jagdsaison »ausgewildert« werden, können solche Fasane keinen deutlichen Wildgeschmack aufweisen, tatsächlich unterscheiden sie sich dann nur wenig von einem Perlhuhn.

Immer am 1. Oktober »geht die Jagd auf«, frische Fasane sind zu haben, eine der immer selteneren Viktualien, die es nicht ganzjährig zu kaufen gibt. Obwohl mit der Fasanenjagd erst Anfang Januar Schluß ist, empfiehlt es sich, alsbald einen zu sichern. Denn je früher im Herbst, desto besser sind sie, noch delektieren sich Fasane doch noch an allerlei Körnern, Mais vor allem, was ihnen zu einer dünnen Fettschicht unter der Haut verhilft. Daß Fasane Mais mögen, machen sich die Jäger natürlich zunutze. Ein Maisfeld wird umstellt, Hunde jagen die Vögel auf, und dann fliegen die Schrote. Leicht angeschossene Fasane kehren übrigens bald zurück; es ist schon was dran an der verbreiteten Meinung, der Fasan sei der Klügste nicht, bestätigen Jäger.

Wohl dem, der einen jungen, wilden Fasan nach Hause tragen kann, er läßt sich in der Tat in einen Leckerbissen verwandeln, an den man sich lange erinnern wird. Ein Fasan reicht gut für 2 Personen, und ihn so zu braten, daß beim Essen Freude aufkommt, ist nicht schwierig. Mit das wichtigste Utensil ist ein Küchenwecker. Außerdem können sich dabei Handwerker profilieren:

Fasan aus dem Ofen

Für 4 Personen:

2 junge Fasane

2 große Scheiben fetter, ungeräucherter Speck

10 Wacholderbeeren

schwarzer Pfeffer, Piment, Salz

6 EL weißer Portwein

Butterschmalz zum Braten

Unterschenkel abschlagen, die Sehnen mit einer Kombizange herausziehen. Fasan innen mit zerriebenen Wacholderbeeren, Piment und Pfeffer gut einreiben, salzen. Vor allem die Brust mit der Speckscheibe gut einwickeln und mit Schnur (Zwirn) festbinden. Im heißen Butterschmalz in einem nicht zu weiten Topf von allen Seiten gut, aber nicht zu heiß anbraten, von außen salzen. Überschüssiges Fett abgießen, Portwein zugeben, Fond mit Holzlöffel loskratzen, Fasan auf der Seite liegend hineingeben, im vorgeheizten Backofen (220° C) erst auf der einen, dann auf der anderen Seite genau je 10 Minuten braten, Speckscheibe entfernen, Brust ebenfalls salzen und pfeffern, auf den Rücken legen und höchstens 20 Minuten gar braten. Fertig.

Zuerst die Brust servieren, die Keulen derweil im abgeschalteten Ofen nachgaren lassen.

Von einer solchen Leckerei möchte man nicht durch eine Vielzahl an Beilagen abgelenkt werden. Festlich genug wäre mal wieder getrüffeltes Kartoffelpüree (siehe Seite 48), aber ein ***Rosenkohlpüree*** paßt noch besser. So wird es zubereitet: 500 g Rosenkohl putzen, 250 g Kartoffeln schälen, in kleine Würfel schneiden, zusammen mit dem Kohl in wenig Wasser, einem Stückchen Butter, einigen Spritzern Zitronensaft und Salz gar kochen. Wasser gut abgießen, auf der Herdplatte abdampfen lassen, 1 Becher Sahne hinzufügen, mit dem Stampfer pürieren (eventuell braucht man mehr Sahne), mit Salz, Pfeffer und Zitronensaft abschmekken, Muskatnuß darüberreiben und zum Fasan servieren.

Dazu gönnt man sich den besten roten Burgunder, den man sich leisten kann. Klassisch, aber nicht billig wäre übrigens Chambertin, der Lieblingswein Napoleons.

Die Rebhühner und Schnepfen
fliegen einem gespickt
und gebraten um den Mund,
und bitten demütig,
daß man sie essen möchte.
Christoph Martin Wieland

Rebhuhn

Gezüchtete sind, ähnlich den Zuchtfasanen, kaum der Rede wert und stets zu teuer bezahlt, nur richtig wilde Rebhühner lassen sich in eine der schönsten Delikatessen verwandeln, die der Herbst zu bieten hat. Nicht nur Magister Elsholtz schwärmte von ihnen: *»Im Frühjahr fressen sie die jungen Knöpfflein von den Haseln und Birken, wie imgleichen Gras und grüne Saat, im Sommer leben sie von Getreide wie auch von Ameyß-Eyern.«* Kein Wunder, daß sie gut schmecken; aber Rebhühner sind auch schöne Vögel, jagdbare tragen ein hufeisenförmiges, rotbraunes Muster im Brustgefieder. Über lange Jahre hin stellte man ihnen hierzulande nicht nach, mittlerweile haben sich die Bestände erholt, so daß wieder Rebhühner aus heimischer Jagd zu haben sind, weitere kommen aus Dänemark und Schottland. Auch sind Steinhühner, die südeuropäische Spielart, mitunter zu haben.

Auch ein Rebhuhn muß jung sein, wenn es gebraten seine außerordentliche, saftige Delikatesse entfalten soll. Ob man einen Vogel vor sich hat, der noch kein Jahr alt ist, denn nur die eignen sich dafür, läßt sich leicht an der Farbe der Füße erkennen: Gelb und glatt müssen sie sein; keinesfalls schiefergrau und schuppig, denn dann hätte man es mit einem Oldie zu tun. Ein solcher läßt sich jedoch schmoren, was eine schöne Leckerei bedeutet, zum Beispiel nach der Art von Navarra, siehe unten.

Man brät ein Rebhuhn (eines pro Person sollte es schon sein) wie Fasan, bloß kürzer und ebenfalls ohne große Kunststücke. Sondern rasch, in viel Butter mit Wurzelgemüse und Wacholderbeeren im Ofen.

Ein altes Rebhuhn ist besser als überhaupt keins, und nach dem folgenden Rezept gerät es bestimmt gut:

Rebhuhn nach der Art von Navarra

4 Rebhühner
500 g kleine geschälte Zwiebelchen
100 g Butterschmalz
2 Knoblauchzehen
1 Lorbeerblatt
1/4 l Weißwein
1/8 l Weinessig
2 Nelken
Salz, Pfeffer
4 Scheiben Toastbrot
50 g bittere Schokolade

Die küchenfertigen Rebhühner salzen, pfeffern und in der Hälfte des Fetts von allen Seiten goldbraun anbraten. Herausnehmen und in einen passenden Schmortopf legen. Die Zwiebelchen einmal in Wasser aufkochen, in der Pfanne im restlichen Fett anbraten, das Lorbeerblatt, den Knoblauch und die Nelken hinzufügen, mit Wein und Essig ablöschen und alles zusammen über die Rebhühner gießen, die sodann zugedeckt und für eine Stunde bei geringer Hitze geschmort werden. Das Brot in Butter rösten und in eine ofenfeste Form legen, die Rebhühner darauf setzen, die Zwiebelchen drum herumlegen und warm stellen. Die Sauce durch ein Sieb in einen Topf umfüllen, die zerbröckelte Schokolade hineingeben, gut durchrühren, abschmecken, über die Rebhühner gießen und servieren.

Wegen der Schokolade braucht übrigens niemand die Nase zu rümpfen, denn man schmeckt sie nicht heraus. Wohl aber gibt sie der Sauce Halt und schönen Glanz.

Schnepfe

Sie kommt in zwei Hauptarten vor: als Waldschnepfe, die so groß wird wie ein Rebhuhn, und als Sumpfschnepfe oder Bekassine. Es ist auch heute noch vielfach Brauch, Schnepfen unausgenommen zuzubereiten, ja ihre Eingeweide (mit Ausnahme des Magens) gelten als ausgesprochene Leckerei. Auch werden sie gehackt, gut gewürzt, mit Kräutern gemischt in Butter gedünstet, auf Röstbrot gestrichen und als Beikost zur gebratenen Schnepfe gereicht. Das ist sicher nicht jedermanns Sache, es schmeckt jedoch, wie auch die Schnepfe selbst, wirklich gut. Für eine Schnepfe, die höchstens für 1 Person reicht, muß man 70 DM und mehr rechnen. Mehr muß zu diesem köstlichen Wildvogel mangels Verfügbarkeit nicht gesagt werden.

Wildenten

Die sind keineswegs selten, jedoch schwierig und mühselig zu jagen. So werden so viele nicht geschossen und sind deshalb im Handel nicht überall zu kaufen. Man tut also gut daran, sich beizeiten darum zu kümmern, beim Wildhändler vorzubestellen oder, was am besten ist, die Bekanntschaft eines Jägers zu suchen – was freilich das Problem des Rupfens aufwirft. Auch garantiert der Direktbezug vom Jäger keineswegs, das man es auch mit jungen Vögeln zu tun bekommt (die man daran erkennt, daß sich die Schwimmhäute an den Füßen leicht einreißen lassen). Ältere Wildenten können tranig schmecken, aber diesem Mangel läßt sich dadurch beikommen, das man ihre Haut tüchtig mit Orangen- und Zitronensaft einreibt. Wie auch immer: Wildenten haben ein würziges, aromareiches Fleisch, das die geringe Mühe, die man damit hat, wirklich lohnt. Zumal dann, wenn die Vögel nach dem folgenden Rezept zubereitet werden, bleiben sie doch garantiert saftig, nämlich als

Wildenten aus dem Römertopf

2 bratfertige Wildenten
Salz, Pfeffer
10 - 12 zerstoßene Wacholderbeeren
1 TL geriebene Pimentkörner
2 Karotten
2 Zwiebeln
1 Bund Petersilie
50 g dünn geschnittenes Dörrfleisch

Den nach Vorschrift gut gewässerten Römertopf mit dem Dörrfleisch auslegen. Die innen gesalzenen und gepfefferten Enten mit je 1 Karotte, Zwiebel und der Petersilie füllen. Auch außen salzen und in den Römertopf legen, der zugedeckt in den kalten Backofen geschoben wird. Auf 220° C stellen und die Wildenten 1 1/2 Stunden braten. Die Enten herausnehmen, den Bratfond entfetten, abschmecken und mit dem kleingeschnittenen Dörrfleisch servieren.

Dazu paßt ganz ausgezeichnet ***Sahnewirsing mit gebratenen Steinpilzen***

1 kg Wirsing
250 g frische, möglichst kleine Steinpilze
2 - 3 Becher Crème double
weißer Pfeffer, Muskatnuß
50 g Butter

Vom Wirsing nur die hellgrünen, zarten Blätter verwenden. Die werden in Salzwasser etwa 5 Minuten gekocht, sodann mit dem Schaumlöffel in eine Schüssel gegeben, die mit kaltem Wasser und Eiswürfeln gefüllt ist. So behält der Wirsing seine schöne grüne Farbe. Abkühlen lassen, herausnehmen, die Blätter gut trocknen und in Stücke rupfen. In einem Topf mit der Crème erhitzen, etwa 5 Minuten leise kochen lassen und immer wieder umrühren. Mit Salz, Pfeffer und Muskat abschmecken. Pilze putzen, dabei möglichst nicht waschen, in Scheiben schneiden (kleine bleiben ganz) und in der heißen Butter unter ständigem Rühren etwa 3 Minuten kräftig braten. Salzen, pfeffern, samt der Bratbutter über den Wirsing geben und zu den Enten servieren.

Wildtaube

Ihr Fleisch ist, wie das ihrer Schwestern, die Haustauben, sehr leicht verdaulich, und sie werden wie Fasan oder Rebhuhn gebraten, als klassische Beilage gilt Linsengemüse (siehe Seite 84). Ihre fleischige, aromastarke Brust wird nicht leicht trocken und kommt mit diesem Salat so leicht wie festlich daher:

Wildtaubenbrust mit Feldsalat, Himbeerdressing und glacierten Maronen

2 Wildtauben
150 g geputzter, gewaschener und getrockneter Feldsalat
milder Himbeeressig
Distelöl
Salz, Pfeffer
20 gekochte und geschälte Maronen
Butter, Zucker
6 Wacholderbeeren
Butterschmalz

Die Brüste auslösen und häuten. Aus einem Teil Himbeeressig und drei Teilen Distelöl eine Vinaigrette rühren, mit Salz und frisch gemahlenem Pfeffer abschmecken. Die Maronen in Butter und Zucker glacieren.

Die Taubenbrüste mit Salz, frisch gemahlenem Pfeffer und zerstoßenen Wacholderbeeren würzen und im heißen Butterschmalz von beiden Seiten langsam braten, so daß sie im Kern rosa bleiben. Aus der Pfanne nehmen und ca. 10 Minuten an einem warmen Platz zugedeckt ruhen lassen.

Unterdessen den Feldsalat mit der Vinaigrette anmachen und auf die Teller geben. Die warmen, glacierten Maronen um den Salat legen, die Taubenbrüste fächerförmig aufschneiden und auf den Salat betten.

Ich habe Kartoffeln
gegessen oder ein
wildes Huhn;
satt ist satt.
Friedrich Schiller

6. Kalte Geflügelgerichte

Da ich zu wenig in solchen Kreisen verkehre, kenne ich es nur aus Romanen: Früher war es in feinen Häusern üblich, daß der Butler für spät eintreffende Gäste ein kaltes Huhn bereit stellte. Das kann in der Tat eine sehr leckere Sache sein, Alfred Walterspiel erzählt davon:

»Eine etwa vier- bis fünfpfundige Poularde brate ich morgens sorgfältig am Spieß oder im Ofen mit Nußbutter (65 g geriebene Haselnüsse mit 125 g Butter verrühren und durch ein Sieb streichen), wobei ich darauf achte, daß die Haut nicht zu braun wird, stelle sie dann nicht in den Kühlschrank, sondern lasse sie am offenen Fenster durch Zugluft auskühlen, denn sie kann keine Kühlraumluft vertragen. Wenn man sie zerteilt, befinden sich zwischen den Keulen gelatinöse, kalt gewordene Geflügelsäfte von einem seltenen Wohlgeschmack. Diese Poularde, am gleichen Tag gebraten, mit einer knusprigen Haut und etwas Salz bedeutet für jeden Feinschmecker einen besonderen Genuß.«

Wer kriegt da nicht Lust auf ein Picknick; nichts leichter als das; was unter einer Poularde zu verstehen ist, wird auf Seite 10 erklärt, wie man ein Huhn brät, auf Seite 32.

Zum Essen im Freien eignet sich auch gut ein

Kaltes Curryhähnchen

Das gehäutete, in mundgerechte Stücke geschnittene Fleisch eines gekochten Huhns
wird mit einer Sauce überzogen, die man aus den folgenden Zutaten rührt:
200 g Mayonnaise
2 Becher Joghurt
3 EL Kokosflocken
ca. 2 EL Currypulver (wer es schärfer mag, nimmt thailändische grüne Currypaste)
Salz, Pfeffer

Sollte die Sauce zu flüssig geraten, schaffen mehr Kokosflocken Abhilfe. Das Curryhähnchen gut gekühlt servieren, besonders lecker schmeckt dazu ein Salat aus Spargelköpfen, Bananen, Stangensellerie, der mit Meerrettich, Senf und wenig Gelee von schwarzen Johannisbeeren angemacht wurde.

Auch ***Waldorf-Salat*** läßt sich prima dazu essen, wie er sich überhaupt zum Picknick gut macht:

2 kleine Sellerieknollen
2 Äpfel
2 EL Zitronensaft
2 EL Mayonnaise
2 EL Schlagsahne
4 EL Walnüsse
weißer Pfeffer, Salz

Sellerieknollen und Äpfel schälen, in sehr dünne Streifen (Juliennes) schneiden und sofort mit dem Zitronensaft beträufeln. Die Hälfte der Nüsse kleinhacken und mit der Mayonnaise und der Schlagsahne untermischen, würzen und mit den restlichen Nüssen dekorieren.

Eine festliche Variante der Hühnergerichte, die die englische Küche der indischen verdankt, kommt als »Krönungshuhn« daher, Coronation Chicken. Wurde es doch eigens entwickelt zur Krönung von Königin Elisabeth II., die im Juni 1956 stattfand. Wenn das beim Picknick keinen Eindruck macht!

Coronation Chicken

1 Brathuhn
1 gewürfelte Karotte
1 Gewürzsträußchen (Thymianstengel, 2 Lorbeerblätter, Petersilienstengel, alles zusammen gebunden)
Pfefferkörner
1 kleines Glas Weißwein
Salz
Sauce:
1 EL Öl
2 feingehackte, kleine Zwiebeln
1 TL Currypulver
1 TL Tomatenmark
1 kleines Glas Rotwein
1 Lorbeerblatt
Salz, Pfeffer, Zucker
Saft von 1/2 Zitrone
200 g Mayonnaise
1 EL Aprikosenmarmelade
2 EL geschlagene Crème double

Das Huhn mit den angegebenen Zutaten etwa 40 Minuten kochen, bis sich das Fleisch leicht von den Knochen löst. Enthäuten und in mundgerechte Stücke zerteilen. Für die Sauce das Öl heiß werden lassen, die Zwiebelwürfel darin anschwitzen, Curry zugeben und kurz mitrösten, Tomatenmark, Wein, einen Schuß Wasser, Lorbeerblatt und Zitronensaft zufügen, aufkochen und abschmecken. Die Sauce bei geringer Hitze etwa 5 bis 10 Minuten köcheln lassen, durch ein Sieb geben und kalt stellen. Wenn sie gut gekühlt ist, nach und nach unter die Mayonnaise rühren, die Aprikosenmarmelade zufügen, eventuell noch weiteren Zitronensaft und abschmecken. Schließlich die Crème double und das Hühnerfleisch unterheben. Kühl servieren, nicht aber eiskalt.

Nicht nur der britische Hochadel pflegt **Reissalat** dazu zu essen: aus 2 Tassen gekochtem Langkornreis, Erbsen, Gurkenwürfeln, feingehackten Kräutern, Salz, Pfeffer, Essig, Öl und einem guten Spritzer Worcestersauce.

Wer sein Picknick noch aparter gestalten möchte, sollte einer Zubereitung nähertreten, die zwar altmodisch anmutet und Arbeit macht, dafür aber auch augenfällig daherkommt, sehr geschmacksträchtig ist, und bestimmt Eindruck macht:

Huhn Chaudfroid, Huhn heißkalt

Dafür wird gebraucht:

1 junges, frisches Huhn von gut 1,2 kg Gewicht
1 Bund Suppengrün
1 TL Pfefferkörner
1 TL Pimentkörner
1 Lorbeerblatt
1 Nelke, Salz
100 g Geflügelleberpastete
Geleesauce:
1/4 l konzentrierte Hühnerbrühe
Weißwein
1/4 l Sahne
1 TL Speisestärke
8 Blatt weiße Gelatine
weißer Pfeffer, Salz

Die Keulen des Huhns zusammenbinden. So viel Wasser erhitzen, daß es davon knapp bedeckt ist, und das Huhn mit Suppengrün und den Gewürzen darin gut 1 Stunde sanft köcheln und in der Brühe auskühlen lassen. Sodann die Haut abziehen, das Brustfleisch als Ganzes vom Knochen schneiden und in die beiden Brusthälften teilen. Das enthäutete Resthuhn mit der Brustseite nach oben auf ein Kuchengitter setzen. Die Gelatine in Wasser einweichen. 1/2l Brühe abnehmen und um die Hälfte einkochen, danach gut salzen. Speisestärke mit dem Weißwein mischen und unter die kochende Brühe rühren. Die Sahne zufügen, mit Pfeffer und Salz kräftig würzen, vom Feuer nehmen und die gut ausgedrückten Gelatineblätter unterrühren. Kalt stellen und aufpassen, daß die Sauce nicht vor der Zeit geliert!

Deshalb jetzt schnell arbeiten. Den Brustknochen mit der Pastete bestreichen, die Hühnerbrüste in ca. 1,5 cm dicke Scheiben schneiden und so auf die Brust setzen und andrücken, daß das Huhn wieder seine ursprüngliche Form hat. Wenn die Sauce zu gelieren anfängt, wird das Huhn damit völlig überzogen. Wahrscheinlich muß es zwischendurch nochmals kalt gestellt werden, damit die Sauce auch schnell fest wird. Sie hüllt das Fleisch und mithin das gesamte Aroma völlig ein und gibt dem Huhn ein prächtiges Aussehen. Man garniert mit Würfeln roter und grüner Paprika, auch hierzu schmeckt ein feiner, frischer Salat ausgezeichnet.

Eine mehr orientalische Note zeichnet das folgende kalte Hühnergericht aus, das aus dem Kaukasus stammt:

Tscherkessen-Huhn

Zutaten:
1 junges, frisches Huhn
Suppengemüse
1 gute Prise getrockneter Thymian
1 Tasse Walnußkerne
2 Scheiben entrindetes Weißbrot
Salz, schwarzer Pfeffer
1 Prise Cayennepfeffer
1 Tasse Hühnerbrühe
Paprikapulver

Das Huhn wird mit 1 Zwiebel, 1 Karotte, 1 Stange Lauch, etlichen Petersilienstengeln, Lorbeerblatt und dem nötigen Salz bei geringer Hitze etwa 45 bis 50 Minuten gekocht. Wichtig ist auch hier, daß man das Huhn ins bereits kochende Wasser gibt, damit es Saftigkeit und Aroma behält. Das gare Huhn herausnehmen und in einer Schüssel auskühlen lassen. Die Brühe durchsieben und stark einkochen, mindestens um die Hälfte, sie soll richtig konzentriert werden.

Etwa 2 Stunden vor dem Essen wird das Hühnerfleisch von Haut und Knochen gelöst, hübsch zerkleinert und auf einer Platte arrangiert. Nun geht's an die Sauce.

Dafür das Brot würfeln und in der Brühe einweichen, die Nußkerne im Mixer fein mahlen, das ausgedrückte Brot zufügen und zu einer cremigen Sauce aufschlagen. Mit den angegebenen Gewürzen abschmecken, das Hühnerfleisch damit bedecken und Paprikapulver darüber streuen. Kühl stellen.

Bevor wir endlich zum Geflügelsalat kommen, hier noch ein Picknickhuhn, das an brüllend heißen Tagen einen regelrecht erfrischenden Imbiß abgibt:

Zitronen-Limetten-Huhn

1 Huhn von ca. 1,5 kg, in 8 Teile zerlegt
1 Zitrone
1 Limette
1 korkengroßes Stück frischer, feingehackter Ingwer
1 durchgepreßte Knoblauchzehe
2 EL gehackte Petersilie
1 TL feingehackter, frischer Estragon
100 g Butterschmalz, Salz, Pfeffer
2 weitere unbehandelte Limetten

Den Ofen auf 200° C vorheizen, die Fettpfanne mit Butterschmalz bestreichen und die Hühnerteile mit der Haut nach oben einlegen. Mit Zitronen- und Limettensaft beträufeln, mit den Gewürzen und den Kräutern bestreuen, das restliche Butterschmalz darüber verteilen, mit Alufolie bedecken und 30 Minuten im Ofen backen; die Folie entfernen und weitere 20 Minuten offen garen. Herausnehmen, die Hühnerteile abkühlen lassen und den restlichen Zitronensaft sowie den der Limette darüberträufeln. Das kalte Huhn zudecken und vor dem Essen mit den in Scheiben geschnittenen unbehandelten Limetten anrichten. Dazu gibt's nichts weiter als frisches Weißbrot.

Und bevor es nun wirklich an den unvermeidlichen Geflügelsalat geht, hier noch eine schnelle Mousse, die gleichfalls kalt gegessen wird. Sie hat zwar nicht den Nimbus einer Terrine oder Pastete mit Stopfleber und gar noch Trüffeln, aber schmeckt wahrlich nicht schlecht, die

Mousse von Entenleber

250 g Entenleber
1 kleiner Apfel, z. B. Reinette
2 EL Butter
1 gehackte Schalotte
1 EL gehackte Petersilie
1 Prise fein zerriebener, getrockneter Thymian
2 cl Apfelschnaps
3 EL weiche Butter, Salz, Pfeffer

Die Leber putzen, größere Stücke teilen und die Adern entfernen. Den Apfel schälen, entkernen und fein würfeln. Die Butter in einer Pfanne erhitzen, die Leber hineingeben und unter Rühren bei geringer Hitze rund 5 Minuten dünsten, nicht bräunen! Herausnehmen und den Thymian ins heiße Fett geben, dann die Apfel- und Schalottenwürfel, schließlich die Petersilie und alles kurz rösten. Mit dem Schnaps begießen, kurz einkochen lassen und mit der Leber im Mixer oder mit dem Schnetzelstab pürieren. Durch ein Sieb streichen, mit der weichen Butter gut vermischen und abschmecken. In eine Form füllen und im Kühlschrank kalt und damit fest werden lassen. Zum Servieren Nocken abstechen und mit Weißbrot auf den Tisch bringen. Mit Salat wird eine so feine Vorspeise daraus, daß manch einer sagen wird: »So eine gute Leberwurst habe ich ja noch nie gegessen!«

Nun aber wirklich:

Geflügelsalat »Bombay«

Dies dürfte die bekannteste Variante sein. Exotische Früchte enthält er immer, zumeist Bananen und Ananas. Natürlich eignen sich auch andere dafür, manche lieben sogar Mandarinen aus der Dose im Geflügelsalat. Das Fleisch von welchem Geflügel man dafür nimmt, ist weniger von Bedeutung als dessen Qualität; in der Regel wird man Huhn verwenden. Es sollte saftig und nicht zu kalt sein.

400 g gekochtes oder gebratenes Geflügelfleisch, vorzugsweise von der Brust; enthäutet und gewürfelt oder in nicht zu dünne Streifen geschnitten
1 feste, aber reife, in Scheiben geschnittene Banane
das gewürfelte Fruchtfleisch von 1 Baby-Ananas
das in Ringe geschnittene Weiße und Hellgrüne von 2 Frühlingszwiebeln

wird in einer Schüssel miteinander gemischt und mit der aus den folgenden Zutaten gerührten Sauce übergossen:

Saft von je 1/2 Orange und Zitrone
3 EL Crème double
3 EL Mayonnaise
Salz, Cayennepfeffer
1/2 TL Curry

Den Salat unverzüglich servieren und dazu Weißbrot reichen.

Wem dieser Geflügelsalat zu üppig vorkommt, mag diesen vielleicht lieber:

Geflügelsalat en vinaigrette

250 g schieres gewürfeltes Fleisch von gekochter oder gebratener Hühnerbrust
1 kleine gekochte Sellerieknolle
1 kleines Glas eingelegter Perlzwiebeln
4 Pfeffergürkchen
1 gehackte Schalotte
1 EL Weinessig
2 EL Olivenöl
je 1 EL gehackte Petersilie und Schnittlauch
Salz, 1 Msp Zucker, weißer Pfeffer
etwas Zitronensaft
einige Oliven

Fleisch, gewürfelten Sellerie und Gurkenstreifen mit Zitronensaft beträufeln, Perlzwiebeln, Schalottenwürfel, Kräuter und Gewürze zufügen, zuletzt Essig und Öl. Alles gut durchmischen, mit den Oliven garnieren und geröstetes Weißbrot dazu reichen.

Und weil in diesem Abschnitt häufig von Mayonnaise die Rede war, man sie wirklich leicht selber machen kann und mithin weiß, was man hat, hier das Rezept. Wer darauf achtet, daß alle Zutaten die gleiche Temperatur haben (Ei beizeiten aus dem Kühlschrank nehmen!), dem wird sie ganz sicher gelingen, die

Mayonnaise

1 rohes Eigelb
Speiseöl, möglichst geschmacksneutral, z. B. Sonnenblumenöl
Zitronensaft
je eine Prise Salz, weißer Pfeffer, Zucker

Eigelb verrühren und so viel Öl (zunächst tropfenweise, dann im dünnen Strahl) zugeben und aufschlagen, bis die gewünschte Konsistenz erreicht ist. Säuern, salzen, pfeffern und die Prise Zucker zufügen. Erscheint die Mayonnaise zu dick, wird sie mit einigen weiteren Tropfen Zitronensaft geschmeidig gerührt.

Köchelverzeichnis